JN321104

173 rules for successful communication in English

基本から実践まで

英文法使いこなしルールブック

四軒家忍

テイエス企画

PROLOGUE

はじめに

この本は、拙著『英文法使いこなし練習帳』の改訂版です。全面的に改訂して、文法を学ぶ学習者のみなさんが、その文法をテストで、会話で、メールで、プレゼンで、さまざまな場面で使いこなせるようになるための参考書兼練習帳にすることができましたので、ここに自信を持ってお届けします。

文法を学ぶことは英語習得へのショートカットとなります。いちいち例を集めてルールを推測するような帰納的な方法は、十分に時間がある幼少期には成立するかもしれませんが、限られた時間で、ある程度の成果を収めなければならない中学生以上には、それだけでは無理があるでしょう。文法のルールは、その無理・無駄を排除して、明確に、かつ効率的に英文の作り方を学ぶために有効です。

本書では、文法のルールを絞りに絞った結果、合計 173 個提供することになりました。私が考える「英語の基礎」を習得するために必要だと感じている項目だけに絞りました。普段の授業での生徒さんたちの反応、授業後の質問、そしてライティングやスピーキングの答案の添削を通して、もっともっと意識的に学んだほうがよいと感じてきた項目ばかりとなります。これらのルールには、簡潔な解説と例文が続きます。そこでイメージできた使用法を、入れ替えドリルで文字を見なくてもできるようになるまで音声で繰り返し、会話ドリルで実際の会話のリズムに乗せ、1 つのパラグラフを書いたり話したりすることで、そのルールが英語全体の中でどのように機能しているのかを経験できるでしょう。この 3 段階の練習を繰り返しつつ、つねにこれらの 173 個のルールおよび 181 個の例文を声に出して記憶に留めておくことで、英語の基礎が身に付くと思います。

「英語の基礎」とひとことで言ってもさまざまな理解があることでしょう。私は英語の基礎というのは、1 つの英文を理解して、次に対応する英文を作り、それをつなげて、全体をまとめていけるし、(読む・聞くときには)全体がつながっていること(または、つながりが悪いこと)に気づく、という能力だと考えます。たとえて言えば、1 本 1 本の木を吟味しながら、どんな森なのかを予測したり、その予測に合うように 1 本 1 本の木を分析したり、予想外の木を見つけたときに、森全体の中にその木がある意味を見出したりすることが、「森(=英語)に触れる」ということなのでしょう。文法は、その各々の段階で必要なルールを提供してくれるものです。本書ではそういう意識で扱う項目を選択し、全体を統一しました。1つの独立した英文だけを扱う多くの文法書と順序や扱う項目が異なるのはそのためです。文法の概略を述べるのが本書の役割ではなく、どの文法を使うとどんなことができるのか、を示して実感していただくことが本書の役割です。つまり、本書は、「2回目に読む文法書」という役割を担っています。文法を概観した学習者が、①重要なポイントに絞っておさらいしつつ、②同じ文法事項の違う側面を学びなおすことで、③英文をつなげる意識を養う、という目的で勉強する本になります。

②について説明しましょう。“your”（あなたの）という語を知らない人はいません。けれど、“Why don’t you talk to your professor?”（先生に話してみてはどうですか？）を受ける文の中で、“your suggestion”（あなたの提案）を使える人はどれほどいらっしゃるでしょうか。ここにRULE135「その文の機能は何なのか、を考え、その機能を表す名詞で言い換える」という観点で“your”の用法を学びなおす意義があります。本書では、この側面にも注意が払われています。

本書で学んだ英語の基礎は、日常のコミュニケーションのみならず、大学受験や英検にも、TEAP、TOEICなどのテストにも、あるいは、IELTS、TOEFLのような留学のための最難関のテストにも十分立ち向かえるだけの基礎となっているはずです。この基礎の上に多くの知識・技能を積み上げることで、みなさんの目標も近づいてくるのだと確信します。どの方向に進む学習者も、早い段階でこの本をしっかりマスターしてほしいと思います。その先にどんな知識を積み上げるにしても、本書のルールで骨格を作っておけば、さまざまな知識や技術が活用できることでしょう。みなさんの英語習得のプロセスに、本書は必ずや大きな貢献をすることができると思っています。

最後に、本書を世に出すにあたりご尽力いただいた、テイエス企画の関戸直衛さん、本書の編集をご担当いただいた柳澤由佳さん、デザイナー、ナレーターのみなさんに、心から感謝をいたします。ありがとうございました。

みなさんの英語学習のご成功を心よりお祈りしております。

2016年11月

トフルゼミナール留学センター講師

TOEFL受験コンサルタント

四軒家忍

CHAPTER_1

語順を意識して文を作る

CHAPTER_2

時制を意識して文を作る

CHAPTER_3

名詞表現を使って文の種類を増やす

CHAPTER_4

句を節にして詳しい説明にする

CHAPTER_5

前の文を受けて、新しい文を作る

CHAPTER_6

「比喩や条件・仮定・回想」で深い話をする

CHAPTER_7

節から句に転換して、短く締まった表現にする

本書の構成と利用法

1 本書では、一般の文法書・参考書に見られるような瑣末な熟語や構文の羅列はせず、その代わり文法の根本的な考え方を、今すぐ使えるように解説しています。つまり、英語を伸ばすために本当に知るべき文法が厳選されています。

2 181 に及ぶ例文を使って、理解⇒口頭練習⇒コミュニケーション練習と、同一の文法項目を意識しながら勉強を進めることで、深い理解・早い定着が可能になります。1 つの項目は短いので、毎日少しずつこなせます。

各ユニットの構成と取り組み方

[解説編]

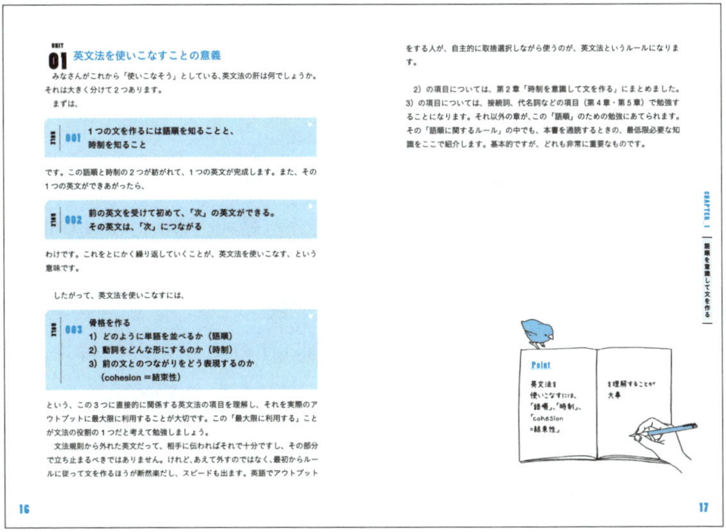

UNIT 01 英文法を使いこなすことの意義

みなさんがこれから「使いこなそう」としている､英文法の肝は何でしょうか。それは大きく分けて2つあります。

まずは、

RULE 001 1つの文を作るには語順を知ることと、時制を知ること

です。この語順と時制の2つが紡がれて、1つの英文が完成します。また、その1つの英文ができあがったら、

RULE 002 前の英文を受けて初めて、「次」の英文ができる。その英文は、「次」につながる

わけです。これをとにかく繰り返していくことが、英文法を使いこなす、という意味です。

したがって、英文法を使いこなすには、

RULE 003 骨格を作る
1) どのように単語を並べるか（語順）
2) 動詞をどんな形にするのか（時制）
3) 前の文とのつながりをどう表現するのか（cohesion =結束性）

という、この3つに直接的に関係する英文法の項目を理解し、それを実際のアウトプットに最大限に利用することが大切です。この「最大限に利用する」ことが文法の役割の1つだと考えて勉強しましょう。

文法規則から外れた英文だって、相手に伝わればそれで十分ですし、その部分で立ち止まるべきではありません。けれど､あえて外すのではなく､最初からルールに従って文を作るほうが断然楽だし、スピードも出ます。英語でアウトプットをする人が、自主的に取捨選択しながら使うのが、英文法というルールになります。

2）の項目については、第2章「時制を意識して文を作る」にまとめました。3）の項目については、接続詞、代名詞などの項目（第4章・第5章）で勉強することになります。それ以外の章が､この「語順」のための勉強にあてられます。その「語順に関するルール」の中でも、本書を通読するときの、最低限必要な知識をここで紹介します。基本的ですが、どれも非常に重要なものです。

CHAPTER_1 語順を意識して文を作る

16　17

RULE：コミュニケーションに必要な文法ルールをまとめました。最初のページから順番に通しで番号が 173 までついています。

例文：各ユニット 1 ～ 7 の例文を挙げて、それをもとに解説・ルールをつけています。全部で 181 例文あります。

[使いこなし 10 分練習]

STEP 1 しゃべりたい！ 言い換えで使いこなそう(単語・句・節)

使いこなし10分練習

STEP 1 しゃべりたい！ 言い換えで使いこなそう(単語・句・節)

音声を聞き、cue に従って、どんどん新しい英文を作り出してください。

Sample

例文 001 The meeting must have lasted until the last hour of the deadline.

a) We talked until the last hour of the deadline.
b) The discussion continued until the last hour of the deadline.
c) The practice ended before the last hour of the deadline.

例文 002 The advisor helped me with my registration for a course in sociology.

a) My roommate
b) preparation
c) assisted

例文 003 My brother finally became a doctor.

a) serious
b) a government employee
c) famous

例文 004 The instructor showed us how to generate electricity.

25

解説編に出てきた例文をもとに、入れ替え練習をします。特に指示がないかぎり、適切な場所に cue になるフレーズなどを入れて新しい英文を作っていってください。どんな構造をしているのかに慣れて、口をついてその構造が出てくるようにするための練習です。慣れない人は書いてもいいですが、基本的には CD-ROM の音声を使って、どんどん口頭で機械的に練習をしてください。慣れてきたら、テキストを見ないでもやってみてください。

取り組み方

CD-ROM の音声を使った言い換えの練習です。25 ページの例文 001 The meeting must have lasted until the last hour of the deadline. を例に挙げて取り組み方を説明しましょう。

最初の cue は a) We talked、そこで主語と動詞に当たる The meeting must have lasted の部分を We talked と入れ替え、We talked until the last hour of the deadline. としゃべります。

次の cue は b) The discussion continued。これも主語と動詞に当たりますから、先ほどの文の We talked の部分を入れ替え、The discussion continued until the last hour of the deadline. としゃべります。

このように、前の文に新しい cue を入れ替えていって、最後の選択肢まで繰り返します。

STEP 2 もっとしゃべりたい！ 会話のやりとりで使いこなそう

STEP 2 もっとしゃべりたい！　会話のやりとりで使いこなそう

シーン 1

大学 1 年生のあなたは履修登録がすんなりできて、友人に不思議がられます。

Your friend : You've already finished the entire process?! How come?

You : I have a friend in his junior year. 彼が履修登録の手伝いをしてくれたんだ。

シーン 2

今日はフィールドトリップ（校外学習）で、発電所に行って、ステイ先に戻ってきました。

Host mother : How was the field trip? Did you have fun?

You : そうですね。教官の方が、電気とは何か、とか、誰が電気代を支払うか、などを教えてくれました。

STEP 1 で使った機械的な英文を実際の意味のある場面でどう使うかを示しています。CD-ROM の音声に合わせて、本当に会話をしているつもりで表情豊かに練習してください。無味乾燥な文法で機械的に作られた英文に命を吹き込む、大切なステップです。ときどき STEP 1 に出ていない英文もあります。力だめしにやってください。

取り組み方

シーン 1 とシーン 2 の会話場面が登場します。文レベルの練習です。誰かとあなたの会話です。相手の発話は英語で示されています。そこで、その英文を理解し、You（あなた）の日本文を英語に変えて英語の会話を作りましょう。次のページで解答例と訳、そして必要に応じて、活用すべき文法のポイントが解説されています。音声だけで聞いて、自分で反応してもよいでしょう。

STEP 3 ここまで使いこなしたい！ まとまった内容を表現してみよう

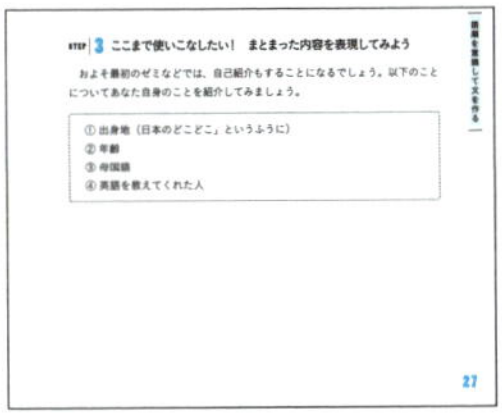
STEP 3 ここまで使いこなしたい！　まとまった内容を表現してみよう

およそ最初のゼミなどでは、自己紹介もすることになるでしょう。以下のことについてあなた自身のことを紹介してみましょう。

① 出身地（日本のどこどこ」というふうに）
② 年齢
③ 母国語
④ 英語を教えてくれた人

27

自由自在に英語を使いこなすには、1 つの大きな「かたまり」を理解し、しゃべっていくことが大切です。そんなにたくさん言えないと思っていても、学んだルールをしっかりと適用すればかなりしゃべることができるものです。また、しゃべるどころか、ちょっとしたメモやメールを書くことはコミュニケーションに欠かせません。書くときにもルールを意識できるように練習してください。

取り組み方

ある状況設定に基づいて、まとまった内容を英語で表現する練習です。まず状況が説明され、伝えるべき文章が示されています。その文章を英語で話したり書いたりします。必要に応じてヒントの語句を活用して、英語にしてください。次のページには解答例と解説が掲載されています。文脈に応じて英文法を使いこなすための貴重なアドバイスです。

POINT

ひとまず自分でしゃべってみて、または書いてみて、次のページの解答例と比較してみるとよいでしょう。自習される場合には解答例を唯一の正解として記憶することをお勧めします(先生に添削していただくことも考えられますが、本書の目的は文法ルールをしっかり適用できるかですから、「そうやって話しても／書いてもいい」とOKにしてしまうと、今までの自分から抜け出すことができなくなってしまいます。たとえば、現在完了形を使わずに過去形と現在形しか使わなかったとして、それでOKになってしまうと、現在完了形はどのように使われるのかを学ぶせっかくのチャンスを逸してしまいます。だから、「こんなふうにすれば、現在の英語力がレベルアップするのだな」という姿勢で勉強されるといいと思います)。

あくまで「文法ルールの適用」をまとまった内容に拡大できるか、に絞っていますから、参考となる語句を「ヒント」として挙げました。単語が問題ではなく、文法を練習しているのだという意識を植え付けていただければと思います（UNIT 1だけは「使いこなし10分練習」はありません)。

本書の学習法

コミュニケーションといっても、それは「会話すること」だけではなく、「読む」、「書く」、「聞く」、「話す」すべてがコミュニケーションです。みなさんの目的に合わせて本書を活用してください。各ユニットのSTEP 2、STEP 3の「コミュニケーション」練習は、日本語、英語の順番で掲載されていますから、前のページから後ろのページの順で読むと「話す・書く」練習になります。逆に、後ろのページから前のページの順で読むと、「読む・聞く」練習になります。

ともに、英文法を使いこなすことに重点を置いていることに変わりありません。

(1)「話す・書く」に重点を置いた学習法

①ユニットの解説を読んで、その文法事項の使われ方をルールと例文で確認する。

② STEP 1 の入れ替え練習をテキストの cue と次のページの答えを見ながら CD-ROM の音声で口頭練習する。もちろん、意味は訳で確認する。

③ STEP 2 の会話をテキストを見ながら完成させて、次のページの解答例と解説で確認する。その後、音声で実際の会話を想定して口頭練習する。最初に状況を解説した日本語を読んで、どんな会話になるのかを想定することが大切。

④ STEP 3 の練習問題を実際にしゃべってみる。次のページの解答例で、自己評価する。音声を聞きながらシャドーイングしてみる。

⑤ 2 回目以降に読み返すときは、①の後、②テキストを見ないでやってみる。③・④も右ページの正解は見ないで口頭または筆記で正解が出るように訓練する。

(2)「読む・聞く」に重点を置いた学習法

①ユニットの解説をルールと例文とともに確認する。

② STEP 1 の解答と訳を、ユニットの解説をさらに深めるための例文集として活用する。意味を確認したら、CD-ROM の音声に続いて音読して、書きとってみる。

③ STEP 2、STEP 3 は、まず状況説明を読んでから、解答例のページを応用問題として、意味を考える。前のページに戻って、日本語の意味を確認する。

④すべて意味がわかったら、STEP 1 ～ 3 の音声を聞いて理解する。

⑤これで本書を読破したら、(1) の「話す・書く」方法にチャレンジしましょう。

さて、みなさんとは、ひとまずここでお別れ。さまざまなコースをたどって、また全員が「おわりに」で再会できるように、最後まで使いこなしの練習を挫折することなく、こなしてくれることを期待しています。

CD-ROMの収録内容

CD-ROMには、使いこなし10分練習の課題文・正解の音声が収録されています。STEP 1は、例文→cue→言い換え文など、STEP 2はシーン1とシーン2の完成英文、STEP 3はメモやインタビュー、伝言などさまざまな模範解答の英文です。また、巻末の使いこなし例文リストもあわせて収録しました。

本書中、該当箇所にはMP3／MP3アイコンとトラック番号を表示しています。

[rulebook] フォルダ

MP3 001-026	Chapter 1	語順を意識して文を作る
MP3 027-062	Chapter 2	時制を意識して文を作る
MP3 063-098	Chapter 3	名詞表現を使って文の種類を増やす
MP3 099-125	Chapter 4	句を節にして詳しい説明にする
MP3 126-157	Chapter 5	前の文を受けて、新しい文を作る
MP3 158-176	Chapter 6	「比喩や条件・仮定・回想」で深い話をする
MP3 177-215	Chapter 7	節から句に転換して、短く締まった表現にする
MP3 216-234	Chapter 8	さまざまな否定の方法でニュアンスを細かく変える
MP3 235-258	Chapter 9	さまざまな形式で質問をする
MP3 259-276	Chapter 10	数字を使って具体的に表現する

[example] フォルダ

MP3 001-181 例文リスト

音声の利用について

CD-ROMに収録されている音声ファイルはMP3形式です。一般的なCDプレーヤーでの再生はできませんので、「パソコン上で再生」、「パソコンに取り込んだ音声をMP3プレーヤーで再生」のいずれかの方法でご利用ください。

パソコンでの操作方法

› CD-ROM をパソコンに挿入します。

Windows

› 自動再生を使用していない場合、「マイコンピュータ」から、もしくは「フォルダを開いてファイルを表示」を選択し、ファイルを表示させます。

› パソコン上に作成した新規フォルダ内に、ファイルをコピーしておきます。
Windows media player:「マイドキュメント」内の「マイミュージック」に、コピーしたフォルダを保存しておきます。「ライブラリ」メニュー＞「ライブラリに追加」＞「詳細オプション」と進み、「監視するフォルダ」一覧の下にある「追加」から、「マイミュージック」内に保存したフォルダを選択し、「OK」をクリックします。「ライブラリに追加」画面に戻ったら、「OK」をクリックします。検索完了画面が表示されたら、「閉じる」をクリックします。
iTunes:「編集」＞「設定」＞「詳細」から、「ライブラリへの追加時にファイルを [iTunes Media] フォルダーにコピーする」のチェックボックスがオンになっていることを確認します。「ファイル」メニュー＞「ライブラリに追加」からフォルダを選択し、「開く」をクリックします。

Mac

› デスクトップ上の CD-ROM アイコンをダブルクリックして、ファイルを表示させます。

› パソコン上に作成した新規フォルダ内に、ファイルをコピーしておきます。
iTunes:「iTunes」メニュー＞「環境設定」＞「詳細」から、「ライブラリへの追加時にファイルを "iTunes Media（iTunes Music）" フォルダにコピーする」のチェックボックスがオンになっていることを確認します。「ファイル」メニュー＞「ライブラリに追加」からフォルダを選択し、「開く」をクリックします。

CHAPTER_1

語順を意識して文を作る

UNIT

01 英文法を使いこなすことの意義

みなさんがこれから「使いこなそう」としている、英文法の肝は何でしょうか。それは大きく分けて2つあります。

まずは、

RULE 001

1つの文を作るには語順を知ることと、時制を知ること

です。この語順と時制の2つが紡がれて、1つの英文が完成します。また、その1つの英文ができあがったら、

RULE 002

前の英文を受けて初めて、「次」の英文ができる。その英文は、「次」につながる

わけです。これをとにかく繰り返していくことが、英文法を使いこなす、という意味です。

したがって、英文法を使いこなすには、

RULE 003

骨格を作る

1）どのように単語を並べるか（語順）

2）動詞をどんな形にするのか（時制）

3）前の文とのつながりをどう表現するのか（cohesion＝結束性）

という、この3つに直接的に関係する英文法の項目を理解し、それを実際のアウトプットに最大限に利用することが大切です。この「最大限に利用する」ことが文法の役割の1つだと考えて勉強しましょう。

文法規則から外れた英文だって、相手に伝わればそれで十分ですし、その部分で立ち止まるべきではありません。けれど、あえて外すのではなく、最初からルールに従って文を作るほうが断然楽だし、スピードも出ます。英語でアウトプット

をする人が、自主的に取捨選択しながら使うのが、英文法というルールになります。

2）の項目については、第２章「時制を意識して文を作る」にまとめました。3）の項目については、接続詞、代名詞などの項目（第４章・第５章）で勉強することになります。それ以外の章が､この「語順」のための勉強にあてられます。その「語順に関するルール」の中でも、本書を通読するときの、最低限必要な知識をここで紹介します。基本的ですが、どれも非常に重要なものです。

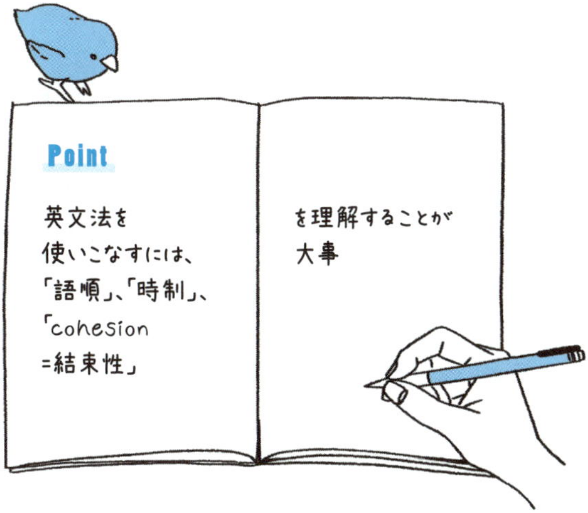

RULE 004 英文は「〜が（S）」「〜する（V）」または、「〜は（S）」「〜である（V）」で始まる

学校で習った「文型」のすべてが、SV〜で始まっているのは、ご存じでしょうか。それが英語の基本になります。でも、実際英語を話すときに、みなさんは、そのようにおっしゃっているでしょうか。

Um ... *this book, um ... I .... my friend got* but I want to buy ...

と、このようになっていたら、このたくさんあるルールのうちの1番目でつまずいていることになります。英語はSVを繰り返すことが基本です。My friend got this book. となるべきでしょう。

また、後半の but I ... want to buy ... の部分は、ここまで来ると、もう意味不明です。but（しかし）が何を受けて、何と結ぼうとしているのか（RULE 002 参照）理解できないこともその大きな原因です。

この語順がきっちり定まっているからこそ、その順序をあえて逆にする「倒置」のルールが成立するのです。

RULE 005 SVを作ったら、それ以外の要素（単語）を並べる

たとえば、「私は去年、難しい入試に合格しました」を表すとして、SVを抽出してみます。

必要なのは university でも exam でもありません。I passed だけです。これを言えたら、ほぼ完成。あとはなんでもいいです。I passed university exam ... entrance ... とか、なんでもかまいません。わかりますから。これを Last year, *entrance university took I passed* などとしてしまうと、英語の基本を逸脱することになります。

さて、私たちは、しかし、ここで留まるつもりはありません。「それ以外の要素」の「並べ方」も確認しておくべきでしょう。

RULE 006 名詞には状況に応じて冠詞をつけ、その間に1語の形容詞を入れて修飾する

「難しい入試」は the（←冠詞から始まる）difficult（←形容詞を入れて修飾）entrance exam となります。このひとまとまりのことを名詞句といいます。形容詞なしの a pen だけでも、すでに名詞句になります。

RULE 007 形容詞＋名詞＝〜な（名詞）
名詞＋形容詞＝（名詞）は〜だ

並べ方で、上に difficult exam が出たので、この語順についても確認しましょう。difficult ＋ exam という語順は「難しい→テスト」となります。けれど、これを逆にして the exam difficult にすると「テストが→難しい」となります。the は exam（名詞）までしか1つにまとめることができません。the exam で終わり。difficult は別の要素となります。

これは英語特有の重要ルール。たとえばラテン系の言語であるフランス語では、「赤ワイン」は、le vin rouge（the wine red）とします。英語で the wine red とすると、「名詞＋形容詞」の語順なので、「そのワインが赤い」という意味になります。決して「赤ワイン」と言っているわけではありません。
この違いは、さまざまな場面で決定的な役割を果たします。UNIT 02 では「文型」の話になりますが、そこで最も威力を発揮するのがこの **RULE 007** です。

語順関係のルールは次のルールで締めくくりましょう。

RULE 008 ABCDEF. の文で最も重要なのは F

英文では、最も言いたい語は最後に置かれます。言いたい、というのは、相手が知らないことが多いからでしょう。つまり、新情報になるわけです。

I live in Tokyo. での新情報は間違いなく「東京」です。Tokyo has many people; in fact it has 13 million. で、最も大切なのは「1300万人」に違いありません。この「最後に最も重要な語を置く」ことを意識するだけで、日本語（全く逆の論理です。最も大切な語は最初に来て、最後はむにゃむにゃで終わります）を英語に直すときの目安ができるはずです。

2つの文をつなぐとは、この新情報を、次の文で旧情報として受けて、さらにそれに新情報を追加していく、というプロセスになります。

上の、

I live in Tokyo.

The city (Tokyo) has many people; in fact it has 13 million.

が、まさにその一例です。

UNIT 02 文型の感覚

5文型という分類をご存じの方も多いと思いますが、本書も文法書の端くれである以上、文型に触れざるを得ません。学校で学んだことをベースにして、文法を学ぶのが、最も効率的だし、学校の勉強――たとえそれがどういう勉強であっても――をおろそかにしてほしくはない、という筆者の気持ちもあるからです。

学校の勉強をまじめにこなしていないのに、英語ができないと嘆くのはとてもおかしなことです。

このUNITでは、英文を作り出すとき、あるいは、英文を理解するとき、この文型をどのように応用するのか、という観点から、文型を勉強したいと思います。

まず、SVの第1文型から。これを誤解しない最大のポイントは、

RULE 009 SVだからといって、短い英文であるわけではない

と知ることにあります。Everybody laughed.（みんなが笑った）だけじゃなくて、

例文001

The meeting must have lasted until the last hour of the deadline.

（期限ギリギリまでそのミーティングは続いたに違いない）

も第1文型ですね。つまり、第1文型が長くなる理由を知ることが重要なのです。

RULE 010

基本文型は
①動詞の時制を変える
②副詞句・副詞節を伴う
③各要素を句・節にする
ことで長くなる

この文では、① must have (lasted) ② until the last hour of the deadline となっています。この2つを取ってしまうと、The meeting lasted.（会議は続いた）なんていう単純な「第1文型」になってしまいます。

ただ、要点だけ理解するときはこれでいいでしょうし、まずは骨格から作る（RULE 003 参照）場合にもこの形になるでしょう。いずれにしても、この文型をとる動詞が「自動詞」で、後ろに名詞を置く必要がないもの、であることには違いありません。

この後ろに、名詞や形容詞を続けさせることはできるでしょうか。たとえば the deadline などは、大丈夫でしょうか。これを入れて、The meeting lasted the deadline. としてみても、意味不明です。したがって、この last は自動詞で、第1文型を作る、と言えます。

それでは、次の英文はどうでしょう。

例文002

The advisor helped me with my registration for a course in sociology.

（アドバイザーは私の社会学コースの履修登録を手伝ってくれた）

この動詞helpは必ず後ろに「人」が来ます。つまり「助ける人」と「助けられる人」がいて成り立つ関係をhelpは表しています。〈助ける人〉helps〈助けられる人〉. という英文です。このように登場人物2人を必要とする意味を持つ動詞を「他動詞」と言います。この他動詞が後ろに目的語を1つとるとき、その英文は第3文型（SVO）である、と言えます。

第2文型のSVCとは、登場人物の数が異なることに注意しましょう。

例文003

My brother finally became a doctor.

（弟はついに医者になった）

このbrotherとdoctorの関係とはまるで異なります。brotherのことについて述べている、この例文003のような、動詞becomeなどからなる文型が第2文型です。

少しまとめておきましょう。このように考えてはいかがでしょうか（時制は無視しておいてください。わかりやすくしてあるので）。

【第1文型】　What happened?（何が起こった？）
→ The car crashed.（車が衝突した）
【第2文型】　Who is who?（誰が誰だ？）
→ This book is difficult.（この本は難しい）
【第3文型】　Who does what?（誰が何をどうする？）
→ My mother studies French.（母はフランス語を勉強している）

違いが見えましたか。英語を作っていくには、基本、この繰り返しになります。上のhappenを完全自動詞、isを不完全自動詞、do（does）を他動詞、と呼ぶことがあるので、そう言われたらこれを思い出すとよいでしょう。

1つ質問をします。

I go to school.

これは、上の1～3の文型のうち、どれになるでしょう。

学校でよく勉強された方は、第 1 文型、とするでしょう。to school は前置詞＋名詞で文の要素にはならないから、I go だけが残り、したがって第 1 文型になる、というわけです。

しかし、ここでの登場人物は「私」と「学校」。この 2 つの登場人物がいないかぎり、go は機能できません。したがって、I (go to) school. と考えて、第 3 文型のようにとらえてもいいのではないでしょうか。このように考えると、第 1 文型と第 3 文型の差はほとんどない、ということになります。

この違いを追求することの意味はあまりないかもしれません。ただ、この 2 つと、もう 1 つの第 2 文型の差は大きいことは、おわかりいただけると思います。動詞を覚えるときには、「第 1・第 3 グループの動詞なのか、第 2 グループの動詞なのか」を意識しておくと、その動詞の次に何を置くべきなのかも明確になるでしょう。

RULE 011 動詞を、第 1・第 3 か、第 2 か、という分類で考える

今度はこの SVO を発展させてみます。

動詞は第 1・3 グループと第 2 グループに分かれるのですが、この第 3 文型には発展形があります。それが SVO ＋ O や、SVO ＋ C です。

RULE 012 第 4 文型は、ヒト（に）＋モノ（を）の語順

例文 004

The instructor showed us how to generate electricity.

（先生はどのように発電するかを私たちに示してくれた）

showed us の部分で、もう第 3 文型であることが確定しています。これに how to ... を追加しています。特に名詞を並べるこの第 4 文型では、「ヒトに、モノを～してあげる」という意味の動詞が使われます。

第 4 文型に関しては、第 3 文型との変換の問題がつきまといます。

I will send you the letter. なのか、I will send the letter to you. なのか、です。ここに to を使うか for を使うかは、to（宛先を示す。〜の方向へ）か、for（利益を示す。〜のために）かで区別しますが、この前置詞を使って第 3 文型で言うのか、第 4 文型にするのか、という決断をいつも瞬時にしないと「使いこなし」ができません。

そこで、1 つの指標を示しておきましょう。それが **RULE 008（ABCDEF. の文で最も重要なのは F）** です。上の手紙の例文だと、“the” letter というくらいなので、すでに手紙のことはわかっているようです。で、宛先を強調したいのであれば、I will send the letter ... to you. と第 3 文型にするべきだし、「あなたに送るものが the book か the letter か」という話題であれば、I will send you ... the letter! となります。

最後に強調したい情報が来るように、文を組み立てます。例外もあるでしょうが、ひとまずの指標としては意味があると思います。

RULE 013
第 3 文型⇔第 4 文型の問題は、語順の問題そのもの。指標としては新情報が何かで決める

10 minutes practice

使いこなし10分練習

＞詳しい手順は 8 ～ 10 ページを確認してください。

STEP 1 しゃべりたい！　言い換えで使いこなそう（単語・句・節）

音声を聞き、cue に従って、どんどん新しい英文を作り出してください。

Sample

例文 001 MP3 001

The meeting must have lasted until the last hour of the deadline.

a) We talked until the last hour of the deadline.

b) The discussion continued until the last hour of the deadline.

c) The practice ended before the last hour of the deadline.

例文 002 MP3 002

The advisor helped me with my registration for a course in sociology.

a) My roommate

b) preparation

c) assisted

例文 003 MP3 003

My brother finally became a doctor.

a) serious

b) a government employee

c) famous

例文 004 MP3 004

The instructor showed us how to generate electricity.

a) what electricity is

b) how to get to the power plant

c) who pays for electricity

STEP 1 解答と訳

例文001 MP3 001

a) We talked until the last hour of the deadline.（私たちは、締め切りギリギリまで話をした）

b) The discussion continued until the last hour of the deadline.（議論は、締め切りギリギリまで続いた）

c) The practice ended before the last hour of the deadline.（練習は締め切り前に終わった）

例文002 MP3 002

a) My roommate helped me with my registration for a course in sociology.（ルームメイトが私の社会学のコースの履修登録を手伝ってくれた）

b) My roommate helped me with my preparation for a course in sociology.（ルームメイトが私の社会学のコースの準備を手伝ってくれた）

c) My roommate assisted me with my preparation for a course in sociology.（ルームメイトが私の社会学のコースの準備を手伝ってくれた）

例文003 MP3 003

a) My brother finally became serious.（兄はついに真剣になった）

b) My brother finally became a government employee.（兄はついに公務員になった）

c) My brother finally became famous.（兄はついに有名になった）

例文004 MP3 004

a) The instructor showed us what electricity is.（教官は私たちに、電気とは何かを示してくれた）

b) The instructor showed us how to get to the power plant.（教官は私たちに、どうやって発電所に行くかを示してくれた）

c) The instructor showed us who pays for electricity.（教官は私たちに、誰が電気代を支払うのかを示してくれた）

STEP 2 もっとしゃべりたい！　会話のやりとりで使いこなそう

シーン1 MP3 005

大学１年生のあなたは履修登録がすんなりできて、友人に不思議がられます。

Your friend : You've already finished the entire process?! How come?

You : I have a friend in his junior year. 彼が履修登録の手伝いをしてくれたんだ。

シーン2 MP3 006

今日はフィールドトリップ（校外学習）で、発電所に行って、ステイ先に戻ってきました。

Host mother : How was the field trip? Did you have fun?

You : そうですね。教官の方が、電気とは何か、とか、誰が電気代を支払うか、などを教えてくれました。

STEP 3 ここまで使いこなしたい！　まとまった内容を表現してみよう

　およそ最初のゼミなどでは、自己紹介もすることになるでしょう。以下のことについてあなた自身のことを紹介してみましょう。

① 出身地（「日本のどこどこ」というふうに）
② 年齢
③ 母国語
④ 英語を教えてくれた人

STEP 2 解答例と訳

シーン1 MP3 005

友人　：もう全部終えたの？ どうやって？

あなた：3年生の友だちがいて、He helped me with my registration.

> › junior は 3 年生。
> › help me と、必ず人が目的語として必要です。その後に with です。

シーン2 MP3 006

ホストマザー：フィールドトリップはどうだった？ 面白かった？

あなた　　　：Yeah, I liked it. The instructor taught us what electricity is and who pays for electricity, and so on.

> › show の代わりに teach にしました。これでも同じ文型ができます。
> › 最後の目的語にあたる部分が文の形（節）になっています。

STEP 3 解答例と訳

MP3 007

Hello. I am from Tokyo, Japan. 1 I am a 21-year-old junior who wants to work in the banking industry in the future. 2 I speak Japanese as a mother tongue, but I can speak English here. 3 This is because my high school teacher taught me basic English grammar. 4 I still appreciate it. 3

（どうも。私は日本の東京から来ました。私は現在 21 歳の 3 年生で、将来は金融機関で働きたいと思っています。母国語としては日本語を話しますが、ここでは英語を話します。これも、高校の先生が私に基本的な英文法を教えてくれたおかげで、いまでも感謝しています）

> ›「何歳？」という質問に対して、このくらいの情報が与えられるとよいでしょう。
> › それぞれの文が第 1、第 2、第 3、そして第 4、第 3 の文型になっていることを確認しましょう。
> ›「感謝する」は「コト」が目的語に来て第 3 文型になります。I appreciate [it] が必要です。

UNIT

03 動詞の分類 ～使役動詞・知覚動詞・第4／5文型～

動詞を分類することで、「語順」の決定に貢献できることがあります。その動詞が後ろにどんな形を引き連れることになるか、という観点から、使役動詞・知覚動詞、そして第4とも第5ともつかないもの、について本UNITで確認しておきましょう。

RULE 014 SVOOの変化形：want〈人〉to do

今度はI want〈人〉(ここまでで第3文型)にto do(不定詞)を追加しましょう。これもOになるので、これは「不定詞の名詞的用法」です。名詞しか目的語(O)にならないからです。

例文005

Do you want me to repeat the question?

(私に質問を繰り返してほしいんですか?)

もちろん、これはme(私が)to repeat(繰り返す)という関係だから、OCと言ってもかまいません。ただ、この差をつける暇があったら、want〈人〉to doの形として記憶するほうが得策です。このUNITのタイトルを第4／5文型としたのも、このためです。この“me to repeat”の語順を意識しましょう。I – repeatの感じです。このSVの感じが、文中なのでme to repeatになっているわけです。

次に、SVOCの第5文型の発展形も確認しましょう。

RULE 015 SVOCでは、O is C／O does Cの関係になっている

このルールを次の例文5つで確認してみてください。

例文 006

The recurring mistakes almost drove me crazy.
（何度も間違いが繰り返されて私はキレかけた）

drive / make / get などの動詞は、me – crazy という形を後ろにとれます。drove me で SVO が完成、その後で、“me crazy”（私がキレる）という関係を思いながら文を完成させます。これが SVOC の特徴です。O is C というわけです。

例文 007

After you model how to read the text, have the students read it again.
（テキストの読み方のモデルを示した後で、生徒たちにそれをもう一度読ませてください）

これは使役動詞 have の用例です。have の後に、“the students read” と続いています。O does C という形です。この使役動詞 have / let の場合には、O does C というふうに原形を使うことになります。

例文 008

Sarah thinks of having her watch repaired as soon as possible.
（セーラはできるだけ早く時計を修理してもらおうと思っている）

これも使役動詞 have の用法です。have her watch で SVO が完成していて、それに続いて、her watch repaired と、O is C の形が続いています。「時計が repaired される」という意識で続けます。her watch *is* repaired と is を入れてしまうと独立した文になるので、her watch repaired と文の要素だけを残します。「修理してもらう」のであって、自分で修理をするわけではありません。それがこの have を使う動機になります。

例文 009

When did you get your hair cut?
（いつ髪切ったの？）

get にも have と似た役割があります。後ろに OC を続けて、「してもらう」となります。your hair (is) cut と、O is C という関係になっています。

例文010

We happened to hear Amy singing the national anthem.

（私たちは偶然、エイミーが国歌を歌っているのを聞いた）

「聞こえる・見える」のような感覚を表す動詞を特に知覚動詞と言いますが、これらは、「Amy が sing しているのが」、聞こえる、という語順の特徴を共有しています。Amy (is) singing ですから、これも結局は SVOC となります。

10 minutes practice

使いこなし10分練習

›詳しい手順は 8 〜 10 ページを確認してください。

STEP 1 しゃべりたい！　言い換えで使いこなそう(単語・句・節)

音声を聞き、cue に従って、どんどん新しい英文を作り出してください。

例文 005

MP3 008

Do you want me to repeat the question?

a) the professor
b) avoid answering
c) Why

例文 006

MP3 009

The recurring mistakes almost drove me crazy.

a) made
b) my tutor
c) The illogical paper

例文 008

MP3 010

Sarah thinks of having her watch repaired as soon as possible.

a) her wall
b) painted
c) her graffiti

例文 009

MP3 011

When did you get your hair cut?

a) are you going to

b) dyed

c) your kimono

STEP 1 解答と訳

例文005 MP3 008

a) Do you want the professor to repeat the question?（教授にその質問を繰り返してほしいのですか）

b) Do you want the professor to avoid answering the question?（教授にその質問に答えるのを避けてほしいのですか）

c) Why do you want the professor to avoid answering the question?（なぜ教授にその質問に答えるのを避けてほしいのですか）

例文006 MP3 009

a) The recurring mistakes almost made me crazy.（間違いが繰り返されて私はキレかけた）

b) The recurring mistakes almost made my tutor crazy.（間違いが繰り返されてチューターはキレかけた）

c) The illogical paper almost made my tutor crazy.（非論理的な論文のせいでチューターはキレかけた）

例文008 MP3 010

a) Sarah thinks of having her wall repaired as soon as possible.（セーラはできるだけ早く壁を修理してもらうことを考えている）

b) Sarah thinks of having her wall painted as soon as possible.（セーラはできるだけ早く壁を塗ってもらうことを考えている）

c) Sarah thinks of having her graffiti painted as soon as possible.（セーラはできるだけ早く自分の落書きを塗ってもらうことを考えている）

例文009 MP3 011

a) When are you going to get your hair cut?（いつ髪を切ってもらうの？）

b) When are you going to get your hair dyed?（いつ髪を染めてもらうの？）

c) When are you going to get your kimono dyed?（いつ着物を染めてもらうの？）

STEP 2 もっとしゃべりたい！　会話のやりとりで使いこなそう

シーン1 MP3 012

芸術家気取りで落書きをした近所の子どもですが、当然そのおじさんは、怒っています。

Your neighbor : He is not happy with the graffiti at all. He is totally mad about it.

You : 今度は壁を塗りなおしてもらわないといけないし、当然怒るよね。

シーン2 MP3 013

Writing Center（ライティングセンター）での論文チェックを受けたのですが、どうしても a や the の冠詞の間違いが多かったのです。

Your friend : How did the last session with your tutor go?

You : I feel sorry for him. 冠詞の間違いの繰り返しでチューターさん、キレかかっていたから。

STEP 3 ここまで使いこなしたい！　まとまった内容を表現してみよう

あなたの高校時代を振り返り、英語に燃えていたころの自分を回想してください。

> 「私は高校のころ、アメリカ人になりたくて、髪を染めてもらったり、アメリカ人の先生に英語の発音の矯正をお願いしていました。両親も、よく私が英語の歌を歌っているのを聞いたものだよ、なんて言ってます」

ヒント：高校のころ＝ When I was in high school ／ 矯正する＝ correct ／ 英語の歌＝ English songs ／ ～したものだ＝ would

STEP 2 解答例と訳

シーン1 MP3 012

隣人　：彼は落書きが全然うれしくないよね。っていうか、カンカンに怒ってるね。
あなた：He has to get the wall painted again, so I can understand how mad he is.

> get (something) -ed で、(何々を) ～してもらう、となります。今回は、the wall is painted という関係になります。
> graffiti は複数形です。単数形は graffito。

シーン2 MP3 013

友人　：前回のチューターとの打ち合わせはどうだった？
あなた：ちょっと悪かったかなって。My recurring mistakes in the articles almost drove him crazy.

> カウンセリングとか、こういう打ち合わせやオリエンテーションなどの1回は session と言います。こうすると数えやすいです。また、アメリカの大学には留学生用の writing center などがあって、ペーパーなどのチェックをしてもらえます。

STEP 3 解答例と訳

MP3 014

When I was in high school, I wanted to become American. So I would try to get my hair dyed and ask my American teacher to correct my pronunciation. My parents say they would often hear me singing English songs.

> 「矯正をお願いする」の ask ～ to correct の形、「髪を染める」の get my hair dyedの形、そして「私が歌うのを聞く」のhear me singingの部分、OKですか？ちなみに dye my hair（色）で、「～色に染める」。この場合には bleach（脱色）かもしれません。

UNIT
04 受動態・能動態

「〜する」、「〜される」というおなじみの「態」です。基本的な作り方は大丈夫でしょうけれど、ここでは、もっと基本的なことを確認します。それからこのUNITが、第1章「語順を意識して文を作る」の中にある理由を考えます。

「be＋過去分詞」にすると受動態になるといいますが、be以外でもできるというのがその基本事項。

RULE 016 文法でbeというのは SVCを作る動詞を代表させているにすぎない

つまり、I am happy. は、I become happy. でもいいし、I remain happy. としてもSVCのままなのです。したがって、受動態の例であるI am injured. という文とI am happy. を並べると次のことが言えるでしょう。

RULE 017 過去分詞（edの形）や現在分詞（ingの形）は「形容詞」とみなす

I am happy. のhappyの代わりにinjured（injure「けがをさせる」の過去分詞）を入れると、I am injured. となりますが、これの文型はSVCと考えたほうが理解しやすいです。つまり、受動態はSVCと言っても（理解の方法としては）間違いではないのです。

RULE 018 受動態「be＋過去分詞」のbeを、SVCを作る動詞にするとニュアンスを変えることができる

例文 011

The coach didn't know what to do. The most important player got injured on the way to the stadium.
（監督はどうすればいいのかわからなかった。最も重要な選手が球場に来る途中でけがをしたのだ）

このように、「けがをしていない状態からけがをした」という変化を表すには got injured と、get を使います。He was injured. だと「彼はけがをしていた」となります。He looks injured. だと、けがをしている「ように見える」わけです。

次になぜ、同じこと、たとえば、Sony has brought this program to you.（ソニーがこの番組をお送りしました）を表すとき、このまま能動態でもよいし、受動態にもできるのでしょうか。

実際に「使いこなす」場合には、この瞬間に、態の選択をしなければならないし、それがベストの選択である必要があるわけです。

次のルールを覚えていますか。

RULE 008 ABCDEF. の文で最も重要なのは F

でした。

このソニーの文で、最も重要なのは、どの語でしょうか。Sony 以外にはないでしょう。つまり、この Sony が重要だというのに、能動態では、旧情報（すでに前の文で述べられている情報）の位置に来ているので、少し違和感があります。そこで、This program has been brought to you by Sony. を選択する、というわけです。もちろん、to you と by Sony で、どちらを最後にするか、については you と Sony との比較になります。これは当然 Sony でしょう。

受動態を選択するべき別の理由もあります。

例文 012

Coral reefs are built when coral polyps secrete calcium carbonate beneath their bodies.
（サンゴポリプがその下に炭酸カルシウムを分泌すると、サンゴ礁が作られる）

これが受動態になるのは、**RULE 004（英文は「〜が（S）」「〜する（V）」または、「〜は（S）」「〜である（V）」で始まる）**を適用しようにも、（何々が）make coral reefs. となって、「〜が」の部分がそもそもわからず、SV が作れないからです。つまり、英語が始まらないから、です。そこで VO の部分を SV にしてしまうのが受動態です。

最後に、この例文。

例文 013

I was spoken to by a foreigner on the way home.
（私は帰り道で、外国人に話しかけられた）

A foreigner spoke to me. が能動態で、これは第 1 文型です。が、事実上第 3 文型と考えてもよいというのが、**RULE 011（動詞を、第 1・第 3 か、第 2 か、という分類で考える）**でした。

laugh at（笑う）/ look up to（尊敬する）/ look down on（軽蔑する）/ speak ill of（悪口を言う）/ speak well of（よく言う）/ put up with（我慢する）/ ask for（求める）/ make fun of（からかう）などはこのタイプです。put up with の put を自動詞だと考えるよりは、put up with で 1 つの他動詞と考えて、受動態も作ることができる、と考えるほうが実際的です。

10 minutes practice

使いこなし10分練習

詳しい手順は8～10ページを確認してください。

STEP 1 しゃべりたい！　言い換えで使いこなそう（単語・句・節）

音声を聞き、cueに従って、どんどん新しい英文を作り出してください。

例文011

MP3 015

The most important player got injured on the way.

a) changed into his uniform
b) disappointed to hear that he was fired
c) married to a TV reporter last weekend
d) hurt during the game

例文012

MP3 016

Coral reefs are built when coral polyps secrete calcium carbonate beneath their bodies.

a) release a liquid
b) formed
c) in the seawater
d) that way

例文013

MP3 017

I was spoken to by a foreigner on the way home.

a) laughed at
b) in the pub
c) made fun of
d) by the children at the local school

STEP 1 解答と訳

例文011 MP3 015

a) The most important player got changed into his uniform on the way.（その最も重要な選手は途中でユニフォームに着替えた）
b) The most important player got disappointed to hear that he was fired on the way.（その最も重要な選手は途中で自分が解雇されたと聞いて失望した）
c) The most important player got married to a TV reporter last weekend.（その最も重要な選手は先週末テレビレポーターと結婚した）
d) The most important player got hurt during the game.（その最も重要な選手は試合中にけがをした）

例文012 MP3 016

a) Coral reefs are built when coral polyps release a liquid beneath their bodies.（サンゴ礁はサンゴポリプが体内から液体を放出して作られる）
b) Coral reefs are formed when coral polyps release a liquid beneath their bodies.（サンゴ礁はサンゴポリプが体内から液体を放出して作られる）
c) Coral reefs are formed in the seawater.（サンゴ礁は海の中で作られる）
d) Coral reefs are formed that way.（サンゴ礁はそのようにして作られる）

例文013 MP3 017

a) I was laughed at by a foreigner on the way home.（私は帰宅途中外国人に笑われた）
b) I was laughed at by a foreigner in the pub.（私はパブで外国人に笑われた）
c) I was made fun of by a foreigner in the pub.（私はパブで外国人にからかわれた）
d) I was made fun of by the children at the local school.（私は地元の小学生にからかわれた）

STEP 2 もっとしゃべりたい！ 会話のやりとりで使いこなそう

シーン1 MP3 018

同好会でサッカーをしているあなたは試合でけがをしてしまって、今日の会社への出勤は松葉杖です。もちろん、いろんな人から話しかけられます。

Your co-worker : Look at you! What happened?

You : 試合中にけがをしました。

シーン2 MP3 019

イギリスを初めて訪れたあなたは記念にパブに立ち寄りました。テーブルに座ってじっとしていたら、どうやらそこはセルフサービスでビールを取りに行かないといけなかったようです。

Your friend : Did you enjoy your first experience in a pub?

You : Kind of. ただ常連客に笑われちゃったけどね。

STEP 3 ここまで使いこなしたい！ まとまった内容を表現してみよう

中国語を学んでいるあなたは、アメリカの友人に「日本語だったら似てそうだから中国語の勉強も簡単なんだろうね」と言われました。もちろん、反論したい気持ちになるでしょう。

> 「6 世紀に漢字が日本に紹介された。それから別々に発展したので、今ではそれぞれの漢字が違って発音される。信じられないかもしれないが、私は本当に漢字に困っているのだ」

ヒント：漢字＝ Kanji または Chinese characters ／ 別々に＝ differently ／ 発展する＝ develop ／ 発音する＝ pronounce ／ 信じられないかもしれないが＝ believe it or not ／ 困らせる＝ confuse

STEP 2 解答例と訳

シーン1 MP3 018

同僚　：どうしたの、それ？

あなた：I got injured during the game.

> › I got injured したから、あなたの今の状況が I am injured.（けがをしている）となります。
> › Look at you! は全然違う様子の相手を見て言う少しちゃかした感じの表現です（ヒゲをはやしたとか、スーツで決めてるとか、そんなとき）。

シーン2 MP3 019

友人　：初パブは楽しかった？

あなた：まあね。I was laughed at by the regulars, though.

> › 「〜を笑う」が laugh at 〜で、これを 1 つの動詞と考えるので、be laughed at に by をくっつけて受動態を作ります。
> › 「常連」のことを regulars と言います。
> › 「〜なんだけどね」のニュアンスだから、..., though と最後につけます。

STEP 3 解答例と訳

MP3 020

Kanji was introduced to Japan in the sixth century. It has been developed differently since then, so each Chinese character is pronounced differently in the two countries. Believe it or not, I am so confused about Chinese characters.

> › 「発展した」はここでは「発展してきた」と継続でとらえて、完了形にしました。
> › このへんはすべて、漢字を紹介した「人」とか発音する「人」、発展させてきた「人」は、「人」としか言えないし、その「人」を特定したいと思っていないでしょうから、もはや能動態を使う理由はありません。
> › 最後は be confused about 〜で「困惑している」。get ではありません。「そのときだけ困った」なら got ですが、「いつも困っている状態にある」ので be でした。

UNIT
05 場所の倒置・強調構文

英語にはいくつかの強調の方法がありますが、それらはすべて「語順」に関連しています。普通の語順だったものを、あえて変更することで、その部分が「強調」されるわけです。日本語でも「倒置法」があります。「私は旅立った。その地へ」など。

このUNITでは、英語に特有の倒置と、強調したい部分を取り出して、それをIt is [　　] thatで挟む、という強調構文を使いこなせるようになりましょう。

RULE 019 **【場所を表す前置詞】+【存在を表すV】+Sで、倒置ができる**

例文014
In the solar system are eight planets.
（太陽系には8つの惑星がある）

この元の文はEight planets are in the solar system. で、areは「ある」という存在を表す意味です。これの［場所］の部分、つまり［in the solar system］が前に来て、本当の主語eight planetsが後ろに倒置されたのが例文。ちょうど動詞を中心に左右が逆になっていますが、同じ事実を表します。

となると、なぜ倒置をするか、が問題になります。これを理解することが使いこなすこと。**RULE 008（ABCDEF. の文で最も重要なのはF）**を思い出しましょう。

つまり、S+V+［place］だと、場所が一番重要なのに、倒置をすると［place］+V+Sとなって、主語が一番重要な位置に来ます。ここがポイントです。「太陽系」が重要なのではなくて、「その中にある惑星」に重点が置かれるわけです。

もっとわかりやすい例文に変えてみます。

例文 015

In the solar system are eight planets: Mercury, Venus, Earth, Mars, Jupiter, Saturn, Uranus, and Neptune.
（太陽系には８つの惑星がある。水星・金星・地球・火星・木星・土星・天王星・海王星）

RULE 020 場所を表す倒置を使う動機は「（根拠や定義などの）導入」

というわけです。ここでは惑星の名前を述べたいわけです。

これが可能になる「存在」を表す動詞には、他に exist / lie / stand / sit などがあります。全部「ある」です。

例文 016

In the region lie many old castles.
（その地域には多くの古城がある）

倒置でさらに注意することは、lie なのか lies なのかは、region では決まらず、本当の主語である castles で決める、ということ。後ろの主語がこの場合は複数形だから lie となっています。文法問題では、このように、主語が見極められるか、そしてそれと動詞が一致しているかが「倒置」のポイントです。

RULE 021 倒置で最も注意するのは「主語と動詞の一致」

もう１つは、倒置なしで強調ができるという、It is ～ that の強調構文です。

例文 017

It was in 1492 that Columbus discovered the New World with the help of the Spanish King.
（コロンブスがスペイン王の助けを得て新世界アメリカを発見したのは1492 年だった）

強調構文のポイントは、まず完全な文を作って、その中で強調したい部分を it is [　　] that で挟むことです。その後で「残りの部分」を that 以下に置きます。

RULE 022

It is【強調したい部分】that【残りの部分】で強調できる

例文 017 では、元の文が、Columbus discovered the New World in 1492 with the help of the Spanish King. だったわけです。もちろん、1492 では、it was[　　]that で挟めません。in が浮いてしまうからです。it is ... that ～を取ったときに、完全な文に戻るのが強調構文です。

Point
倒置では動詞の
単数・複数扱いに
注意。
強調構文は
まず完全文を
作ってから

10 minutes practice

使いこなし10分練習

詳しい手順は8～10ページを確認してください。

STEP 1 しゃべりたい！　言い換えで使いこなそう（単語・句・節）

音声を聞き、cue に従って、どんどん新しい英文を作り出してください。

例文 014

MP3 021

In the solar system are eight planets.

a) In this picture
b) is a big sunflower
c) At the center of this famous oil painting
d) is a flaw

例文 016

MP3 022

In the region lie many old castles.

a) By the lake
b) stands a tower as high as 300m
c) Next to the shopping mall
d) is a huge parking area

例文 017

MP3 023

It was in 1492 that Columbus discovered the New World with the help of the Spanish King.

a) Columbusを強調して
b) the New Worldを強調して
c) in the late fifteenth centuryを強調して
d) with the help of the Spanish Kingを強調して

STEP 1 解答と訳

例文014 MP3 021

a) In this picture are nine planets.（この絵の中にあるのは8つの惑星だ）
b) In this picture is a big sunflower.（この絵の中にあるのは大きなひまわりだ）
c) At the center of this famous oil painting is a big sunflower.（この有名な油絵の中央にあるのは大きなひまわりだ）
d) At the center of this famous painting is a flaw.（この有名な油絵の中央にあるのは傷だ）

例文016 MP3 022

a) By the lake lie many old castles.（湖のそばに多くの古城がある）
b) By the lake stands a tower as high as 300m.（湖のそばに300メートルもの高さの塔がある）
c) Next to the shopping mall stands a tower as high as 300m.（ショッピングモールの隣に300メートルもの高さの塔がある）
d) Next to the shopping mall is a huge parking area.（ショッピングモールの隣に大きな駐車場がある）

例文017 MP3 023

a) It was Columbus that discovered the New World in 1492 with the help of the Spanish King.（スペイン王の助けを得て1492年に新世界アメリカを発見したのはコロンブスだった）
b) It was the New World that Columbus discovered in 1492 with the help of the Spanish King.（スペイン王の助けを得て1492年にコロンブスが発見したのは新世界アメリカだった）
c) It was in the late fifteenth century that Columbus discovered the New World with the help of the Spanish King.（コロンブスがスペイン王の助けを得て新世界アメリカを発見したのは15世紀の終わりだった）
d) It was with the help of the Spanish King that Columbus discovered the New World in the late fifteenth century.（コロンブスが15世紀の終わりに新世界アメリカを発見したのは、スペイン王の助けを得てだった）

STEP 2 もっとしゃべりたい！　会話のやりとりで使いこなそう

シーン1 MP3 024

アメリカ人の観光客を案内しているあなた。東京駅に着きました。さて、どこかいい場所はないでしょうか。

Tourist　　: Now where are we going?
You　　　 : 通りの向こう側に行くとね、皇居があるんですよ。

シーン2 MP3 025

入試も近づいているのに、休んでばかりいる友人に、日々どれだけ努力をするかが大切だよ、と戒めます。

Your friend : Let's call it a day and I'll take a rest.
You　　　　 : どれだけの努力をしたかが大切なんじゃない？

STEP 3 ここまで使いこなしたい！　まとまった内容を表現してみよう

友人にデジカメで撮った自分の街を、いろいろ紹介をつけてメールします。場所を表してみましょう。

> 「この写真の中央にあるのが、私の学校です。都心にあるんですよ。学校の隣には大きなスタジアムがあるので、野球とか、よく見に行きます。試合が終わると、ここに住んでいることを後悔します。電車がとても混むのです」

ヒント：中央に＝ at the center of ～ ／ 都心＝ the center of the city ／ スタジアム＝ stadium ／ 見に行く＝ go and see ／ ～したことを後悔する＝ regret doing ／ 混んでいる＝ crowded

STEP 2 解答例と訳

シーン1 MP3 024

旅行者：さて、どこに向かいますか。
あなた：Across the street from the station is the Imperial palace.

> 倒置をしてみました。通りもあって、駅もわかっていて、その駅から通りを越えたところにあるのが、(相手にとって初めて出る単語)「皇居」です。となるので、倒置にする価値はあります。
> is の後ろで少しポーズを置くと、「なんとそこには！」という気持ちも表現できますよ。

シーン2 MP3 025

友人　：今日はこのへんにして、ちょっと休憩しよう。
あなた：It is how much effort you've put in your work that matters.

> call it a day は「今日はこのへんにしておく」というイディオム。
> It is [　　] that matters に挟まれているのは、「どれだけの努力を自分の勉強に注いだか」になります。What matters is [how much ... in your work] . としても同様の効果が得られます。
> matter は動詞で「重要である」。
> もちろん、It is と that を取り除いて、How much effort you've put in your work matters. としても完全な文として成り立ちます。

STEP 3 解答例と訳

MP3 026

At the center of the picture is my school. It is in the center of the city. Next to the school lies a big stadium, where I sometimes go and see a ball game. It is when the game is over that I regret living in the urban area. Trains are too crowded!

> 「中心に」の「に」は at でも in でも大差ありません。in のほうが大まかです。
> 「野球の試合」は ball game で OK。「球場」は ball park と言います。
> 「大きなスタジアムがあるので」を「大きなスタジアム , where (そこで)」としたかったので、場所を表す倒置をしました。
> 「ゲームが終わると」を強調構文で強調してみました。

Coffee Break

先生、どうやって勉強したのですか？（1）

勉強法は永遠のテーマです。理想を言えばいくらでも言えます。でも、私たちはいろいろな制約の下で生きていますから、勉強法を一般的に論じても意味がどれほどあるのかわかりません。それでも、他人の勉強法って気になるものですよね。だから、ここは私が一肌脱いで、今の私を支えることになったまだ初学者のころの勉強法をお教えしましょう。でも、全く画期的なことでもなんでもありません。そういう勉強を「した」ことが大切なんだと今では思います。

つづく→93ページ

CHAPTER_2

時制を意識して文を作る

UNIT 06 過去形と現在完了形

今回からしばらくは、動詞を活用させて、時制に変化をつけてみます。文法の中で、語の並べ方が横軸なら、この「時制」は縦軸。この横軸と縦軸をうまく紡いで英文を作り上げていくのですから、「時制」を知ることは文法の半分を知る、ということにもなります。

過去形のルールは、とても当たり前のことに聞こえるルールだから、きっと拍子抜けしてしまうかもしれませんが、新しいことを学ぶと忘れがちです。

RULE 023 過去のことは過去形で表す

例文 018

World War II broke out in 1939.

（第 2 次世界大戦は 1939 年に勃発した）

は、「過去」を表すから broke と過去形なのです。in 1939 のような「過去を表す語」にはいつも注意です。last year とか、two hours ago などのように last / ago も 100% 過去を表す語ですから、このときも過去形にしなければなりません。

これは特に、「過去完了形」を学ぶと一瞬でそのインパクトに吹き飛ばされてしまいます。しっかり身に付けたいルールです。

逆の言い方をしましょう。それが次のルールです。

RULE 024 過去形は過去を表す語句がなければ使えない

つまり、Did you watch TV? という英語には答えられない、ということになります。よく考えたらそうでしょう。“Yes, I mean, I did yesterday, but I didn’t the day before yesterday. Which TV show are you talking about?”（はい、っていうか、昨日は見ました、が、おとといは見てないです。どの番組のことですか？）となるはずです。このように、過去のいつの話なのかわからないのに過去形を使うことはできないわけです。

“Did you watch TV?” “Yes, I did. / No I didn't.” のような機械的な練習だけをしてきた人は要注意です。

RULE 025 過去を表す語句がないけれど、過去の話をするときに、現在完了形にする

もちろん、文脈上、1万年前の話なんだな、というときには過去形で大丈夫ですが、文脈もなければ、別にいつの話か、と明確に指摘する意味もない、という場合は、過去に起きた出来事だけど、過去形にはできません。これが、現在完了形の完了・結果の用法の存在意義です。

「宿題が終わった」という、この2つの英文の違いに頭を悩ませている方もいらっしゃるでしょう。

(a) I have finished my homework.
(b) I finished my homework.

この (b) のほうは、文脈がないかぎり、実は成立していません。**RULE 024（過去形は過去を表す語句がなければ使えない）**に反しているからです。だから、悩むまでもなく、(a) しかありません。これが「私は宿題を終えました」の英語です。これは、「完了」の用法とも呼ばれます。

現在完了形の「結果」の用法についてはいかがでしょうか。「結果」とは過去に起きたことを「～ている」と表現する場合です。こんな例でいかがでしょう。『ある日、あなたが登校すると、昨日はなんともなかった窓ガラスにビリビリッとひび割れを発見しました』

そのとき、あなたは何と言いますか？　間違いなく、「あっ！ 窓が割れてる！(ている)」でしょう。これが結果の用法です。本来は「(過去に) 窓が割れた」という過去形です。が、その「結果」に今気づいたわけです。

例文 019

Look! The window has been broken!

（ほら！ 窓が割れている！）

そして最後に過去完了形についてまとめておきましょう。

RULE 026 **過去形の動詞が 2 つあって、その順序を明確にしたいとき、先に起きたほうを過去完了形にする**

これが過去完了形です。逆に言うと、過去形が 1 つしかないのに、I had lived in London for five years. という英語は成り立ちません。I lived in London for five years.（私はロンドンに 5 年間住んでいた）です。文脈があれば、had lived にもなりますが、"for five years" が決定的な根拠にはなりません。

例文 020

When the Tea Act was passed in 1773, colonists had become accustomed to drinking tea.

（1773 年に茶法が通過したときには、植民者たちはお茶を飲むことが習慣になっていた）

「通過した」のと「習慣になった」のと、どちらが先かを明確にするため、後者が had become と過去完了形になっています。2 つ過去があるときに初めて、過去完了形の可能性があるわけです。

10 minutes practice

使いこなし10分練習

＞詳しい手順は 8 〜 10 ページを確認してください。

STEP 1 しゃべりたい！　言い換えで使いこなそう（単語・句・節）

音声を聞き、cue に従って、どんどん新しい英文を作り出してください。

例文 018

MP3 027

World war II broke out in 1939.

a) was about to break out
b) Another conflict
c) occurred
d) more than 50 years ago

例文 019

MP3 028

Look! The window has been broken!

a) painted white
b) The wall
c) repaired
d) The fence

STEP 1 解答と訳

例文 018 MP3 027

a) World War II was about to break out in 1939.（第 2 次世界大戦が 1939 年にまさに勃発しようとしていた）
b) Another conflict was about to break out in 1939.（別の紛争が 1939 年にまさに勃発しようとしていた）
c) Another conflict occurred in 1939.（別の紛争が 1939 年に起こった）
d) Another conflict occurred more than 50 years ago.（別の紛争が 50 年以上前に起こった）

例文 019 MP3 028

a) Look! The window has been painted white!（ほら！ 窓に白いペンキが塗られている！）
b) Look! The wall has been painted white!（ほら！ 壁に白いペンキが塗られている！）
c) Look! The wall has been repaired!（ほら！ 壁が修理されている！）
d) Look! The fence has been repaired!（ほら！ フェンスが修理されている！）

STEP 2 もっとしゃべりたい！　会話のやりとりで使いこなそう

シーン1 MP3 029

あなたの同僚のマイクが、携帯を忘れて出勤したらしく、奥さんから会社に電話がありました。でもマイクはとっくに営業で外に出ています。

Mike's wife : I'd like to speak to Mike Ferguson, please.
You : マイクはもうオフィスを出ましたが。
Mike's wife : When did he go out?
You : かれこれ2時間前ですかね。

シーン2 MP3 030

学校の体育館でバスケをしていて、不注意にも体育館の時計を壊してしまったあなたと友人。知らないふりをして翌日学校に行くと…。

Your friend : Hey, what makes you look so surprised?
You : ほら！ 時計が直っているよ！
Your friend : Do you think we will be scolded?

STEP 3 ここまで使いこなしたい！　まとまった内容を表現してみよう

タバコをやめましょう、という大学の集会で発言します。

「私はキャンパス内での喫煙を禁止するべきだと思います。喫煙の健康に及ぼす悪影響については、多くの研究がされています。しかもタバコは他人をも害します。これは二次喫煙と呼ばれます」

ヒント：禁止する＝ban ／ 二次喫煙（受動喫煙）＝second-hand smoke

STEP 2 解答例と訳

シーン1 MP3 029

マイクの妻：マイク・ファーガソンいますか。
あなた　　：Mike has left the office.
マイクの妻：いつ外出しましたか。
あなた　　：He went out about two hours ago.

> 「すでに出て、今いない」⇒現在完了形でした。
> two hours ago を聞く疑問詞は When ...? なので、この when も「過去を表す言葉」です。つまり、when と現在完了形は一緒に使えないということです。

シーン2 MP3 030

友人　：ねえ、何そんなにびっくりしてるの？
あなた：Look over there! The clock has been repaired!
友人　：オレたち怒られるんじゃん？

> 修理されたのは過去だけど、それを今初めて述べるところに現在完了形を使う意味があるのでした。
> Honesty is the best policy.（正直は最良の策）ですね！

STEP 3 解答例と訳

MP3 031

I think that smoking on campus should be banned. A lot of research has been done on the negative effects of smoking on your health. In addition, smoking can be harmful to others. It is called second-hand smoke.

> 研究が「なされています」というのは、「なされた」ということ。それを過去を表す語句なしに述べるので完了形になります。
> the effect of A on B で「AのBに対する影響・効果」。

UNIT 07 未来形と未来進行形

過去のことはこれくらいにして、今度は未来形について。使いこなしのあと一歩と迫った学習者が、あまりピンときていない時制の 1 つに、「未来進行形」があります。これと未来形の対比を理解して使いこなすことにしましょう。

突然ですが、あなたは朝何時に起きますか？ I get up at six. という人も多いでしょう。これはどういう意味かというと、「6 時になったら起きる」という意味です。つまり、「6 時に起きる」＝「6 時になったら起きる」、ということで、「に」＝「になったら」となります。ということは、I get up at six. という人は、「朝6 時になったら起きることを習慣・繰り返している人」です。

さて、今度はこれを未来形にしましょう。will を使ってみます。たとえば、いつも寝坊をする大学生なら、明日は早く起きないと午前のテストに間に合わないよ、って言われたようなときに、「じゃあ」と言って、

例文 021

I will get up at six tomorrow.

（明日は 6 時に起きるよ）

と言うことでしょう。つまり、will は、「今決めたこと」を表すことができます。

しかし、旅行に行くときなどは予定が決まっていて、今決めた！ とは言えないことも多いです。

例文 022

I'm going to take the 7:30 train tomorrow.

（明日は 7 時 30 分の電車に乗ります）

これが典型的な will と be going to の違いです。

RULE 027 **両者とも「予測」するときに同じように使われるが、今決めたこと⇒ will ／決めていたこと⇒ be going to の差がある**

また別の場面で説明しましょう。あなたは今日、9 時から始まって、12 時に終わるテストを受験するとします。そこへ友人からの遊びのお誘いです。明日 11 時に同好会でサッカーをやるけど、人数足りないから一緒にやらない？ なんて。でも 11 時にはテスト真っ最中。今、真っ最中なら I am taking a test. となりますが、これが未来になるから、

例文 023
I will be talking a test at 11:00 tomorrow.
（明日の 11 時なら僕はテストを受けているよ）

となります。これが未来進行形です。今受けているという軸が未来に移動している感じです。am → will be となります。

さて、この学生、帰りは電車で帰るのですが、駅で待っていると「次の電車がいつ来るか」と尋ねられました。質問は、

例文 024
What time does the next train come?
（次の電車は何時に来ますか）

となり、「次の電車」なのに未来形ではありません。もちろん、これは本当に次の電車がいつ来るかを知りたいのではなくて、「時刻表を見て答えてくれ」ということ。つまり繰り返して起こることなので、現在形で言わないといけないのです。そこから次のルール。

RULE 028 **未来形⇒ 1 回だけのこと 現在形⇒繰り返し起こること**

これが未来形と現在形の差です。

10 minutes practice 使いこなし10分練習

詳しい手順は8～10ページを確認してください。

STEP 1 しゃべりたい！　言い換えで使いこなそう（単語・句・節）

音声を聞き、cue に従って、どんどん新しい英文を作り出してください。

例文 021 MP3 032

I will get up at six tomorrow then.

a) call you tonight
b) pick you up at the airport
c) send a lot of invitations

例文 022 MP3 033

I'm going to take the 7:30 train tomorrow.

a) see Mary at the station at 11:00 tomorrow
b) call him back sometime soon
c) leave Japan on September 3rd

例文 023 MP3 034

I will be taking a test at 11:00 tomorrow.

a) watch a video with my friends
b) fly to New York
c) work hard for the test

例文 024 MP3 035

What time does the next train come?

a) the next train arrive?

b) the next show start?

c) the department store open?

STEP 1 解答と訳

例文 021 MP3 032

a) I will call you tonight then.（じゃあ、今夜電話するよ）

b) I will pick you up at the airport then.（じゃあ、空港に君を迎えに行くよ）

c) I will send a lot of invitations then.（じゃあ、たくさん招待状を出すよ）

例文 022 MP3 033

a) I'm going to see Mary at the station at 11:00 tomorrow.（明日の 11 時にメアリーを駅に迎えに行きます）

b) I'm going to call him back sometime soon.（もうすぐ彼に折り返し電話をするつもりです）

c) I'm going to leave Japan on September 3rd.（9 月 3 日に日本を発ちます）

例文 023 MP3 034

a) I will be watching a video with my friends at 11:00 tomorrow.（明日の 11 時には友だちとビデオを見てるよ）

b) I will be flying to New York at 11:00 tomorrow.（明日の 11 時にはニューヨークに向かう飛行機の上だよ）

c) I will be working hard for the test at 11:00 tomorrow.（明日の 11 時にはテスト勉強しているよ）

例文 024 MP3 035

a) What time does the next train arrive?（次の電車は何時に着きますか）

b) What time does the next show start?（次のショーは何時に始まりますか）

c) What time does the department store open?（デパートは何時に開きますか）

STEP 2 もっとしゃべりたい！　会話のやりとりで使いこなそう

シーン1 MP3 036

アメリカを１人旅しているあなた。ぶらっと寄ったお店でおみやげでも買おうと見ていると、旅行かい？ なんて話しかけられました。そうなんです。でもそろそろ帰国するんです。

A shopkeeper ： How long have you stayed here?
You ： About a month, but 9月25日に帰国します。

シーン2 MP3 037

上の会話の続き。25 日には午後 2 時からこの地域でお祭りがあるから見にくればいいのに、なんて店員に誘われてしまったあなた。でもとっくに飛行機は飛んでいます。

A shopkeeper ： You should come and see our festival on the 25th. It starts at 2:00.
You ： Thanks for inviting me, but 25日の2時には、私は飛行機にのって飛んでいるでしょうね。はは～。

STEP 3 ここまで使いこなしたい！ まとまった内容を表現してみよう

出張で L.A. のコンベンションセンターに来ているあなたは、商談の状況を本社のアメリカ人のボスに報告します。

> 「今日は ABC コーポレーションの営業と会う予定です。明日の今ごろはちょうど私が当社の新製品についてのプレゼンをしているだろうと思います。あなたのおっしゃるように、プレゼンには新しいパンフレットを使うことにします」

ヒント： 営業（の人）＝ a sales rep ／ 明日の今ごろ＝ at this time tomorrow ／ 新製品＝ a new product ／ 当社＝ our (company) ／ プレゼンをする＝ give a presentation on ～ ／ あなたのおっしゃるように＝ As you say, ／ パンフレット＝ brochure(s)

STEP 2 解答例と訳

シーン1 MP3 036

店主　：こっちに来てどれくらいになるの？
あなた：1か月ですね。でも、I am going to leave on September 25th.

- 決まっていることの未来だから be going to。このときに進行形も使えますから、I am leaving on September 25th. としても全く同じ意味です。
- 日付だから前置詞は on です。

シーン2 MP3 037

店主　：うちのお祭りに来ればいいのにさ。2時から始まるよ。
あなた：誘っていただいてうれしいんですが、I will be flying at 2:00 on September 25th.

- 現在進行形の「軸」が今しゃべっているときから9月25日にずれたので will ～をつけて未来進行形にしました。
- 「2時から始まる」のが It starts と現在形になっているのは、そういうことになっている（プログラム上）ということです。本当は何時かわかりませんが、プログラムを見るかぎり、2時に始まるというわけです。

STEP 3 解答例と訳

MP3 038

I am going to meet with a sales rep from ABC Corp today. I will be giving a presentation on our new products at this time tomorrow. As you say, I will use our new brochures for the presentation.

- 「～と約束して会う」のが meet with ～です。そして、この I am going to meet = I am meeting ～は STEP 2 のシーン1と同じ理屈です。
- 最後は「本当は古いパンフ使おうと思っていたけれど、あなたのメールを見て、今決めた」ということなので、will use です。be going to use だと、「新しいのを使ったら？」「あっ、使うつもりなんで」となって、だいぶニュアンスが異なります（そういう意味では文法的には合ってます）。今回は「新しいのを使ったら？」「あっ、そっかあ。じゃあ、そうします」と解釈しました。

UNIT 08 現在形と現在進行形・現在完了進行形

現在形は、実はあまりインパクトがないようで、学習者にはどうしても ing 形を使うことが先に来る場合があるようです。なぜか、すべて現在進行形で言う人もいます。私は学校に行きます、を I am going to school. とか。

ここでは、現在形はどんなときに使われるかをまとめて、さらに現在進行形と比較してみることにします。また、同じ進行形で、現在完了進行形はどういうときに用いるのかも考えましょう。

RULE 028 未来形⇒1回だけのこと
現在形⇒繰り返し起こること

このルールを復習しましょう。現在形とは繰り返し起こることです。

例文 025

I go to high school.
（私は高校生です）

この意味は何でしょうか。この人は「高校に行っている」でしょうか。

この「行っている」という日本語、難解ですね。「通学途中、歩いていること」も言えるし、「毎日繰り返し往復している」ことも言えるからです。で、前者が現在進行形、後者が現在形の守備範囲。英語では、はっきり分かれます。つまり、I go to high school. と言えば、「私は高校に行っている」（つまり、「私は高校生です」）となります。夏休みでも、I go to high school. と言うほかありません。

逆にこの高校生のお母さんが、授業参観に行く途中でお隣さんに話しかけられれば、

例文 026

I am going to my daughter's high school.
（娘の高校に向かっているところなんです）

と答えます。この他、世の中を見渡して、習慣的に起きている事柄を表すには現

在形が一番です。日本のこと、電気製品の使い方、などを説明するのはこの時制となります。

さて、今度は現在進行形の用法を2つ確認しましょう。1つ目は例文026で確認した、「今しゃべっている間（だけ）に起きている出来事」を表す用法。進行形の用法が厳密にこれしかないと、大変なことになります。「今しゃべっている瞬間」だから、I am going ～と言い始めたときから学校に向かい、～daughter's schoolと言い終えたところで、歩くのをストップしないといけないからです。

例文027

Maria is in the States at the moment. She is learning English to go to a graduate school.

（マリアは今アメリカです。大学院を目指し英語を勉強しています）

この例からもわかるように、「今しゃべっている間」よりも前に始まっていて、しゃべり終わってからも、その動作が続いている、という「継続」を表すのが進行形です。でないと、What are you doing?（何してるの？）という英語は一体何なのでしょう。

RULE 029 **進行形⇒いつから始まっていつ終わるかわからない（または言う必要のない）ような動作の継続を表す**

この「動作の継続」が「進行形」です。したがって、そもそも「継続」（状態）を表す動詞（know「知っている」、contain「含んでいる」など）は進行形にする意味がありません。

さらに上のRULE 029は重要な問題を含んでいます。She is learning English.とShe has been learning English.は違うのか、ということです。つまり、現在完了進行形と現在進行形の守備範囲の差についてです。これは、

RULE 030 現在完了進行形は始点がわかっている（または言いたい）

ということで解決します。Maria is learning English. と全く同じ状況を述べるにしても、「6か月間」というのであれば、Maria has been learning English for six months. とします。けれど、描写している事実は「マリアが英語の勉強をしている」ということです。それだけの差です。

例文 028

In the late 20th century, a massive hole in the ozone layer was observed. Since then, however, the ozone hole has been shrinking.
（20世紀後半にオゾン層に巨大な穴が観察された。しかし、それ以来、オゾンホールは縮小している）

この例文では、「それ以来」があるから、has been shrinking となります。でも、今観察すると、is shrinking となっているはずです。ところでこうした2つの文が並ぶときに感じてほしいことは、もう1つあります。観察されて、これからどうなるやら、と思っていたら、縮んだ、ということなので however でつながっていますし、a hole が見つかって、the（その）hole が…というところもしっかりつながっています。文が2つ並ぶだけで、そこには「つながり」が見られるわけです（RULE 002、003 参照）。

10 minutes practice

使いこなし10分練習

詳しい手順は8〜10ページを確認してください。

STEP 1 しゃべりたい！言い換えで使いこなそう（単語・句・節）

音声を聞き、cue に従って、どんどん新しい英文を作り出してください。

例文025

MP3 039

I go to high school.

a）My brother
b）keeps his things in order
c）Do you
d）I never

例文027

MP3 040

She is learning English to go to a graduate school.

a）hit the books
b）All the students
c）ask for their letters of recommendation
d）High school seniors / university

例文028

MP3 041

Since then, however, the ozone hole has been shrinking.

a）its discovery
b）expanding
c）the affected area
d）not / getting larger

STEP 1 解答と訳

例文025 MP3 039

a) My brother goes to high school.（私の弟は高校生です）
b) My brother keeps his things in order.（私の弟は整理整頓できています）
c) Do you keep your things in order?（あなたは整理整頓していますか？）
d) I never keep my things in order.（私は整理整頓ができない）

例文027 MP3 040

a) She is hitting the books to go to a graduate school.（彼女は大学院に進学するために猛勉強をしています）
b) All the students are hitting the books to go to a graduate school.（学生はみんな大学院に進学するために猛勉強をしています）
c) All the students are asking for their letters of recommendation to go to a graduate school.（学生はみんな大学院に進学するために推薦状をお願いしています）
d) High school seniors are asking for their letters of recommendation to go to university.（高校３年生たちは大学に進学するために推薦状をお願いしています）

例文028 MP3 041

a) Since its discovery, however, the ozone hole has been shrinking.（しかし、その発見以来、オゾンホールは縮小しています）
b) Since its discovery, however, the ozone hole has been expanding.（しかし、その発見以来、オゾンホールは拡大しています）
c) Since its discovery, however, the affected area has been expanding.（しかし、その発見以来、被災地は拡大しています）
d) Since its discovery, however, the affected area has not been getting larger.（しかし、その発見以来、被災地は大きくなっていません）

STEP 2 もっとしゃべりたい！　会話のやりとりで使いこなそう

シーン1 MP3 042

デスクの上が書類山積みの同僚を見かねて、あなたはやさしく注意することにします。

Your co-worker : I spend at least one hour searching this pile of documents every day.

You : あなたは自分の部屋の整理整頓とかもしてないでしょ。

Your co-worker : How do you know that?

シーン2 MP3 043

アメリカにホームステイ中の高校2年生のあなた。受験について語っています。

Host mother : Are you taking an entrance exam next year?

You : Yes. So I will be very busy. 日本では多くの高校生が予備校に通って受験の準備をしますからね。

STEP 3 ここまで使いこなしたい！　まとまった内容を表現してみよう

筋骨隆々のあなた。実は子どものころは病弱で空手を始めたのでした。「すごい強そうな体つきですね」と言われて、反応してみましょう。

「私は小さなころ、病弱でした。だから、中学に入ると、武道を始めました。それ以来、空手をやっています。それで、私が強く見えるのでしょうね」

ヒント：病弱な＝ sickly ／ それで＝ That's why ／ 強く＝ strong

STEP 2 解答例と訳

シーン1 MP3 042

同僚　：毎日最低１時間はこの山積みの書類の中を探してるよ。
あなた：You don't keep your room organized, either, do you?
同僚　：どうしてわかるの？

› keep ＋目的語（O）＋形容詞（今回は過去分詞）で O を～の状態に保つ、だから「あなたの部屋を整理された状態に保つ」となります。
› not ～だから either にします。too じゃなくて。また、don't ～の付加疑問文だから do you? となります。

シーン2 MP3 043

ホストマザー：あなたは来年受験なの？
あなた　　　：そう、だから来年は忙しいんですよ。In Japan, a lot of high school students go to a preparatory school for the entrance exams.

› これは一般論として述べているので現在形です。これに対して、「あなた」のことだけを述べているホストマザーのセリフは進行形でした。

STEP 3 解答例と訳

MP3 044

I was rather sickly when I was a child. So when I got into junior high school, I took up martial arts. Since then I have been practicing karate. That's why I look strong.

› 過去形があってからの、since then（そのとき以来）が使えるわけです。これも「つながり」を表す重要な表現です。その since then と結びつくのは現在完了形でした。今も karate はやっていますが、Since then と一緒になるので、have been practicing karate とします。

UNIT

09 助動詞(1)助動詞と否定

ここから3回に分けて助動詞を使いこなします。助動詞を使いこなせるとは微妙な気持ちの揺れを表現できるということ。「〜かも」とか、「〜のはず」などいろいろなニュアンスを表現してみましょう。また、助動詞の意味を過去形にする方法も学びます。

まずはcanから。ご存じの「〜できる」は当然として、この否定形can'tの「〜できない」ではない意味を学びましょう。

例文029

There is a big sign. You can't miss it.

(大きな看板があるから見逃すはずがないよ)

このように、can'tには「はずがない」の意味があります。そしてこの意味での肯定形はmust(〜に違いない)とか、should(はずだ)となります。このように助動詞では、cannotの肯定がcanになるというわけではありません。意味に応じてさまざまな助動詞が絡んできます。別々の言葉だと思って覚えてもよいかもしれません。

RULE 031

can't(はずがない) ≒ shouldn't(はずがない) ⇔ should(のはずだ) ≒ must(違いない)

では、この過去形を使って、次の例文を。

例文030

You arrived here well ahead of time. You must have walked very fast.

(ずいぶん予定より早く着いたね。さぞかし速く歩いたんだろうね)

RULE 032

助動詞の過去形は必ずしも過去の出来事を表すとは限らない

can't / must 自体の変化形では過去は表せるとは限りません。過去にするには、後ろを過去（完了形）にします。

「はずがない」が can't だから、「勉強する」はずがない、なのか、「勉強した」はずがない、なのかで can't が変わる必要はありません。You can't ... で、「できない」、「はずがない」の 2 つを想定しましょう。そして「はずがない」は shouldn't の可能性もあります（次 UNIT 参照）。

次は may。

例文 031

You might wonder why she didn't say hello.
（彼女がなぜあいさつしなかったのか不思議に思われるかもしれません）

「かもしれない」は may ですが、この推量の程度をもっと下げると「もしかしたら〜かもしれない」となります。ただし、こうするには might とします。過去形が必ずしも過去の出来事を表すわけではない、という **RULE 032** がここでも当てはまります。

You may be right.（あなたは正しいかもしれない）と You might be right.（あなたは正しいかもしれない）はどちらも現在形です。might のように過去の形にすると「ひょっとしたら」という気持ちが入って、可能性が低くなるという以外は同じことです。might のほうは実は仮定法であるということを知っておくとよいでしょう。過去形にするには、あくまで例文 030 が基本となります。

次は「しなければならない」。これもよく使うことでしょう。

例文 032

I haven't washed my car for ages. I must wash it today.
（長いこと洗車してないなあ。今日はやんなきゃ）

must を使いこなせるというのはかなりの技術です。なぜなら have to と区別できていないといけないから。あえて違いを言うとしたら、I have to get this work done by tomorrow. My client is coming over to see it.（この仕事は明日までにやらなくては。お客さんが見に来るから）で、ホントに自分の気持ちを言っているのではなくて、ルールとか、諸事情でやらなくてはならない、というのがhave to。

例文 032 の場合は全く個人的な気持ちです。この他、I've got to ... というのもあります。この got［gɑ́t］の「ア」を的確に大きく述べることで「しなければならない」ことが音声的によく伝わります。

Point
can / should /
must /
have to ...
ニュアンスを
使い分けて
表現しよう

10 minutes practice

使いこなし10分練習

詳しい手順は8～10ページを確認してください。

STEP 1 しゃべりたい！ 言い換えで使いこなそう（単語・句・節）

音声を聞き、cueに従って、どんどん新しい英文を作り出してください。

例文029

MP3 045

You can't miss the sign.

a) be as hungry as I am
b) confused about such an easy question
c) have seen Kay before
d) have gone to the party

例文030

MP3 046

You must have walked very fast.

a) must have been hungry
b) The baby
c) Those segregated people
d) must have had a hard time living in such a harsh environment

例文031

MP3 047

You might wonder why she didn't say hello.

a) may
b) might not be sure
c) Even her mother may not be certain
d) Her fiancé may not have noticed

STEP 1 解答と訳

例文029 MP3 045

a) You can't be as hungry as I am.（あなたが私ほど空腹なはずがない）

b) You can't be confused about such an easy question.（あなたがそんな簡単な問題に迷うはずがない）

c) You can't have seen Kay before.（あなたが以前ケイに会ったはずがない）

d) You can't have gone to the party.（あなたがパーティに行ったはずがない）

例文030 MP3 046

a) You must have been hungry.（あなたはお腹がすいていたに違いない）

b) The baby must have been hungry.（その赤ちゃんはお腹がすいていたに違いない）

c) Those segregated people must have been hungry.（その差別された人々は空腹であったに違いない）

d) Those segregated people must have had a hard time living in such a harsh environment.（その差別された人々はそんな厳しい環境で生きるのに大変だったに違いない）

例文031 MP3 047

a) You may wonder why She didn't say hello.（彼女がなぜあいさつしなかったのか不思議に思われるかもしれません）

b) You might not be sure why she didn't say hello.（彼女がなぜあいさつしなかったのかよくわからないかもしれません）

c) Even her mother may not be certain why she didn't say hello.（彼女の母でも、なぜ彼女があいさつしなかったのかよくわかっていないかもしれません）

d) Her fiancé may not have noticed why she didn't say hello.（彼女のフィアンセはなぜ彼女があいさつをしなかったのかに気づかなかったかもしれません）

STEP 2 もっとしゃべりたい！　会話のやりとりで使いこなそう

シーン1 MP3 048

テストの出来を謙遜する人はどこにでもいるもの。あまりに明らかだとこっちからも何か言いたくなりますね。

Bob : I'm not too sure about question 3 of today's test.

You : 君があんな簡単な問題でまごつくはずがないじゃない！

シーン2 MP3 049

なかなか泣きやまない赤ちゃん。ママがミルクを与えたとたんに泣きやんでしまいました。もちろん、言うことはわかりますね。

Your friend : Look! She stopped crying just now.

You : 赤ちゃんはお腹がすいていたんだね。

STEP 3 ここまで使いこなしたい！　まとまった内容を表現してみよう

オリンピックのバスケットボールで、絶対勝つといわれていたアメリカのドリームチームが準決勝でアルゼンチンに敗れてしまいました。この結果についてあなたは感想を述べることにしました。

> 「アメリカのドリームチームだって負けるかもしれない、と言う人もいましたが、私もその結果に驚いています。しかし、アルゼンチンだって厳しい練習をしたに違いないから、簡単に負けるはずがありません。アメリカのチームはこのゲームから教訓を学んだに違いありません」

ヒント： ドリームチーム＝ dream team ／ ～に勝つ＝ beat, defeat ／～に負ける＝ be defeated by, lose the game to ～ ／ 教訓を学ぶ＝ learn a lesson

STEP 2 解答例と訳

シーン1 MP3 048

ボブ　：今日のテストは第3問がやばいね。
あなた：You can't be confused about such an easy question!

> ›今回のテストの話にかぎって、という意味なら、過去にしてもいいです。You can't have been confused ～という感じで。現在形にしているということは、もっと一般的に「そもそも君がそんな問題につまずくはずがない」というニュアンスで言っているわけです。You can't ～ということは、It is impossible ～ということです。

シーン2 MP3 049

友人　：見て！ 赤ちゃんが泣きやんだよ。
あなた：The baby must have been hungry.

> ›「泣きやんだ」は過去形＋ just で表していますが、もちろん完了ですから、has just stopped でも OK です。でも just now（過去を表すフレーズ）をつければ、過去形のままで完了として表せます。

STEP 3 解答例と訳

MP3 050

Some said that the U.S. dream team might be beaten, but I am now surprised at the result. The Argentine team, however, must have practiced hard enough. So they can't lose it so easily. The U.S. team must have learned a lesson from this game.

> ›最初の might be beaten の might は、実は冒頭の said that に揃えるため、本来なら may のところが「過去形」の might になっているものです。may の「過去形」の might は、こんな時制の一致のときだけです（「もしかしたら」という仮定法の might は別ものでした）。
> ›「～した」に違いない、は must have done でした。
> ›教訓とは lesson という英語で表します。
> ›「弘法にも筆の誤り」ということわざを説明するとき、こんな例もいいかもしれません。The U.S. basketball team may be defeated.（アメリカだってバスケで負けることがある）

UNIT 10 助動詞(2)助動詞と過去形 〜shouldの用法〜

今回は、前のUNITで扱っていないけれど有名な助動詞の用法を扱います。多くの人が誤解していたり、日常的によく使われたりするので、どれも重要です。使いこなしの練習をみっちりやりましょう。

助動詞の定番はshouldでしょう。「〜すべき」と覚えているでしょうが、それでOKです。ただ、日本語の「〜べし！」から連想される厳しい感じはありません。ここではshouldのさまざまなバリエーションを見てみます。

RULE 033 shouldはとてもやさしいアドバイスを表し、「〜したほうがいいよ」を表す

You look pale. You should go to bed.（具合悪そうだね。寝たほうがいいよ）という感じで使います。

ここではshouldのもう1つの意味を使いこなしましょう。

RULE 034 should =〜のはずだ

例文033

It's getting warm. The cherry blossoms should be in full bloom.

（暖かくなってきた。桜の花も満開のはずだ）

という「〜のはずだ」を知っておきたいですね。

もはやここまで来ると、shouldはshallの過去形だということを意識できなくなると思いますが、それでかまいません。canとcouldは別の語である、も同じくらいの認識でよいと思います。

shouldの用法をさらに進めましょう。

RULE 035 should have done の 1 つの意味は「〜すべきだった」で、後悔を表す

例文 034

I am very sleepy today. I should have gone to bed earlier last night.

（今日は眠い。昨夜はもっと早く寝るべきだった）

本当は遅くに寝た、というわけです。後悔を表すには should have done。そしてその音声面で大切なのが、これを should have done と読まずに、*should of done*（should've done）と読む、ということです。have なんてしっかり読まずに、of となるくらいに読まれているので、*should of done* のようにしか彼らは聞こえていません。だから、それを使う側もその意識を持っておくほうがよいと思います。

「きちんと読むのがよい」と言っても間違いを読んではいけません。日本語でも「授業（じゅぎょう）」をしっかり読んで「じゆうぎよう」とされると、「自由？ギヨウ？」となります。正しく読む、というのは、あまり強調しすぎると、「正確に読もうとするから、不正確になってしまう」という、不思議な現象を引き起こします。注意しましょう。

もう 1 つの疑問を解決しておきましょう。RULE 033 によれば should は「やさしいアドバイス」なのですが、厳しいアドバイスはどうするのか、というと、had better で表します。「〜したほうがよい」という日本語で覚えてしまうと、間違いなくコミュニケーションに支障をきたすことがありますからご注意を。「〜しないと困るからやれ」となります。

例文 035

You had better leave now. You will get caught in the rain.

（もう行きなさい、じゃないと雨に降られるよ）

ニュートラルなものとしては It would be better to ... / if you ... などがありま

す。

例文 036

It would be better to follow the instructions. We are not familiar with programming, yet.
（指示に従ったほうがいいでしょう。僕たちはまだプログラミングは素人だから）

would は仮定法で、It は to follow ... の形式主語になります。例文 035 の had better はこれで 1 つの助動詞と考えるので、had better leave で、*to leave* とはなりません。例文 035 と例文 036 の to の有無には注意しましょう。

また、had better と should が混乱すると、*should better* と言ってしまうことがありますが、こういう英語は存在しません。

RULE 036 **should ／ had better ／ would be better を意味からも形からも使い分ける**

これを意識して練習したいものです。

10 minutes practice

使いこなし10分練習

詳しい手順は8～10ページを確認してください。

STEP 1 しゃべりたい！ 言い換えで使いこなそう（単語・句・節）

音声を聞き、cueに従って、どんどん新しい英文を作り出してください。

例文033

MP3 051

The cherry blossoms should be in full bloom.

a）be all gone by now
b）The audience
c）be satisfied with the concert
d）be feeling tired in an hour

例文034

MP3 052

I should have gone to bed earlier last night.

a）not have sat up late
b）should have made a phone call
c）You
d）made the most of the chance to talk with the dean

例文036

MP3 053

It would be better to follow the instructions.

a）change
b）You had
c）should
d）re-write

STEP 1 解答と訳

例文033 MP3 051

a) The cherry blossoms should be all gone by now.（桜の花も今ではすべて散っているはずだ）

b) The audience should be all gone by now.（観客も今ごろは全員帰っているはずだ）

c) The audience should be satisfied with the concert.（聴衆はコンサートに満足しているはずだ）

d) The audience should be feeling tired in an hour.（聴衆は 1 時間後には疲れているはずだ）

例文034 MP3 052

a) I should not have sat up late last night.（昨夜は夜更かしすべきではなかった）

b) I should have made a phone call earlier last night.（昨夜もっと早くに電話をすべきだった）

c) You should have made a phone call earlier last night.（昨夜もっと早くに電話をすべきだったのに）

d) You should have made the most of the chance to talk with the dean.（学部長と話す機会を有効に使うべきだったのに）

例文036 MP3 053

a) It would be better to change the instructions.（指示を変えたほうがいいでしょう）

b) You had better change the instructions.（指示を変えないとですね）

c) You should change the instructions.（指示を変えてみてください）

d) You should re-write the instructions.（指示を書き換えてみてください）

STEP 2 もっとしゃべりたい！ 会話のやりとりで使いこなそう

シーン1 MP3 054

趣味でやっているバンドでちょっとしたコンサートに出演することになりました。緊張の面持ちのメンバーに声をかけます。

A member : What if we make a blunder?

You : We should be more confident. We practiced hard enough, and the music is perfect for this evening open-air concert. お客さんだって満足してくれるはずだよ。

シーン2 MP3 055

もっと大学の図書館が充実していればいいのに、とつねづね思っているあなたの友人は学部長と直接話す機会に恵まれました。が、なかなか切り出せずに話が終わったと聞いて、あなたはがっくりです。

You : So how did the meeting go?

Your friend : It was OK. I didn't get to talk about the library, though.

You : 君は学部長と会う機会をもっとしっかり活用すべきだったのに。

STEP 3 ここまで使いこなしたい！ まとまった内容を表現してみよう

毎日の日記には、その日の反省を書くことも多いでしょう。きちんと反省して次回につなげることも大切です。

> 「テストのために、テキストをあと20ページ読まなければならなかったのに、次の朝早く起きて読もうと思い寝ました。でも今朝は普通に7時に起きてしまった。昨日全部読むべきだった」

ヒント：テストのために＝ for the test ／ あと20ページ＝ another 20 pages ／ 次の朝＝ the following morning ／ 普通に＝ as usual

STEP 2 解答例と訳

シーン1 MP3 054

メンバー：失敗したらどうする？

あなた　：もっと自信もとうよ。練習だって十分やったし、音楽だって、この夕方の野外コンサートにはピッタリだよ。The audience should be satisfied with our performance.

> 「～のはず」の should。この場合は「満足すべきだ」だと、ちょっと傲慢（ごうまん）に聞こえますね。
> satisfied with ～は happy with ～と同じなので、こちらを使っても OK です。

シーン2 MP3 055

あなた：で、ミーティングはどうだった？

友人　：まあまあかな。図書館の話はできなかったけど。

あなた：You should have made the most of the chance to meet the dean.

> 「～すべきだったのに」という後悔は should have done でした。
> 「～できる」の can と同じ意味の get to ～が友だちのセリフで使われています。よく使われるので覚えておきましょう。

STEP 3 解答例と訳

MP3 056

I had to read another 20 pages of the textbook for the test. But I decided to get up earlier the following morning and went to bed. As it turned out, I got up just as usual at 7:00. I should have read all of them yesterday.

> テストのために（周りからのプレッシャー）だから must よりは have to でしょう。しかも過去形なので had to です。
> 「早く」は earlier と比較級にするほうがいいでしょう。いつもと比べている感じ。
> 「でも、結局」、「あとでわかったことですが」のニュアンスを出すのが as it turned out。
> 誰もが経験のある、このような後悔を表す場合に should have done でした。

UNIT

11 助動詞(3)助動詞の構文

助動詞にはいくつか知っておくと好都合な決まった使い方があります。このUNITではそれをいくつか紹介しましょう。

should have done / might as well / used to / would rather の4つです。いずれも、使う頻度も高いし、記憶しておく価値もあります。

RULE 037 **should が「～のはず」なら、should have done は「～したはず」**

RULE 035で「～すべきだった」の意味を学びましたが、should 自体に、「～のはず」の意味がある以上、should be good（いいはず）の過去形が should have been good（よかったはず）となるのは論理的に成り立ちます。

例文037

It's already 10:00? You can make a phone call. They should have arrived by now.
(もう10時ですか？ 電話をしてもかまいません。彼らは今ごろもう着いているはずですから)

この例文では、「着くべきだった」という後悔は表していません。このように、文脈から意味の違いは明らかになります。
「文脈」の理解に最も貢献するのは、「副詞句」です。by now（今ごろには）を考えると、「着いているはず」だし、earlier なら「着くべきだった」でしょう。このように副詞句でしっかり時制をサポートすることも大切です。

RULE 038 **might as well は「～するほうがましだ」。本来は as ...（…するくらいなら）がある。後半は省略できる**

例文 038

The workshop is not worth attending. You might as well learn on your own.
(そのワークショップは参加する価値がない。独学するほうがましだ)

この例文だと、You might as well learn on your own (as attend the workshop). となっています。けれど、話のリズムでは、(　　) の部分が先に話題になっているからこそ、You might as well ... と言えるわけだから、(　　) は不要だと思っておいてもよいでしょう。そういう文脈ができていることが大切です。つながりが大切な例の 1 つです。また、may as well でも同様に使えます。

RULE 039 used to は、過去の習慣（よく〜したものだ）という意味で助動詞として使う

例文 039

When I was a child, my mother used to kiss me good night.
(私が子どものころ、母は、私におやすみのキスをしてくれたものだ)

これには過去と現在を比べて、現在はそうではない、という含みがあります。例文 039 では、今はそういうこともなくなったというニュアンスが感じられます。would (often) にも同様の意味がありますが、これは、後ろに動作を表す動詞が続くときのみです。

例文 040

There used to be a tall tree next to my house.
(うちの隣に大きな木があったのだが)

今はもうありません。そしてこの意味で There [would] be ... とは言えません。be が動作ではないからです。これだと、There would be many people coming.（多くの人が来るだろう）のように、仮定法や婉曲表現となって、過去形にはなりません。

RULE 040 would rather ＋動詞の原形 would rather ＋ that 節で「〜したほうがよい」

この場合には、than ... が省略されていると考えます。その省略された部分を文脈で作っていくことになります。その文脈ができて初めて、この would rather が使えます。これには動詞の原形以外に、that 節も来ることがあります。

例文 041

I can answer your questions, but I would rather you didn't tape it.

(あなたの質問には答えるけれど、ビデオには撮られないほうがいいです)

10 minutes practice

使いこなし10分練習

詳しい手順は8～10ページを確認してください。

STEP 1 しゃべりたい！言い換えで使いこなそう（単語・句・節）

音声を聞き、cue に従って、どんどん新しい英文を作り出してください。

例文 037

MP3 057

They should have arrived by now.

a) left for New York

b) read our email message

c) received the letter of recommendation

d) this morning

例文 038

MP3 058

You might as well learn on your own.

a) face the music

b) the reality

c) live with

d) your parents

例文 039

MP3 059

When I was a child, my mother used to kiss me good night.

a) help me with my homework

b) my brother

c) practice tennis with me

d) would often

STEP 1 解答と訳

例文037 MP3 057

a) They should have left for New York by now.（今ごろ、彼らはニューヨークに向けて出発しているはずだ）

b) They should have read our email message by now.（今ごろ、彼らは、私たちのメールを読んでいるはずだ）

c) They should have received the letter of recommendation by now.（今ごろ、彼らは推薦状を受け取っているはずだ）

d) They should have received the letter of recommendation this morning.（今朝、彼らは推薦状を受け取ったはずだ）

例文038 MP3 058

a) You might as well face the music.（あなたは罰を受けたほうがました）

b) You might as well face the reality.（あなたは現実を直視したほうがましだ）

c) You might as well live with the reality.（あなたは現実を受け入れたほうがましだ）

d) You might as well live with your parents.（あなたは親と同居したほうがましだ）

例文039 MP3 059

a) When I was a child, my mother used to help me with my homework.（私が子どものころ、母は私の宿題を手伝ってくれたものだ）

b) When I was a child, my brother used to help me with my homework.（私が子どものころ、兄は私の宿題を手伝ってくれたものだ）

c) When I was a child, my brother used to practice tennis with me.（私が子どものころ、兄はテニスの練習を私としてくれたものだ）

d) When I was a child, my brother would often practice tennis with me.（私が子どものころ、兄はテニスの練習を私とよくしてくれたものだ）

STEP 2 もっとしゃべりたい！ 会話のやりとりで使いこなそう

シーン1 MP3 060

友人のシェリーが留学に出発する前にぜひ会いたいのですが、もう出発したのでしょうか。

You : I really want to see Sherri and say goodbye.

Your friend : But it's already 10:00. 彼女は今ごろニューヨークに到着しているはずだ。

You : The only choice that I have left now is to go to New York myself.

シーン2 MP3 061

新婚のあなたですが、会社の住宅手当が減額の予定。どうするか考慮中です。

Your co-worker : Are you going to rent a new room?

You : I was going to, but our housing allowance is not enough at all.

Your co-worker : Your parents live near here, don't they? 一緒に暮らしたほうがましだね。

STEP 3 ここまで使いこなしたい！ まとまった内容を表現してみよう

生まれ育った地元に長らく帰省していないと、まるで違った景色を見ることになります。

> 「子どものころは、僕たちは野球、サッカー、バレーボールなど、すべてを近くの田んぼでやっていたものです。でも田んぼはなくなり、その代わりに、こういったビルやらショッピングモールができて、街は変わってしまいました」

ヒント：田んぼ＝ rice field ／ 変わる＝ transform

STEP 2 解答例と訳

シーン1 MP3 060

あなた：シェリーに会って、お別れをしたいのだけど。
友人　：でも 10 時だよ。She should have arrived in New York by now.
あなた：どうやら僕がニューヨークに行くしかないようだね。

> 「お別れする」は say goodbye で大丈夫です。
> 「私には唯一の選択が残されている」で I have the only choice left というのが元の英語になります。

シーン2 MP3 061

同僚　：新しい部屋を借りるのかい？
あなた：そうしようと思ったんだけど、住宅手当が全然足りないんだ。
同僚　：ご両親がこのへんに住んでいるんでしょ？ You might as well live with them.

> 最後のセリフは You might as well (live with them) as (rent a new room). という比較になっています。後半の as 以下は状況的に明確なので省略です。「住宅手当が足りないのに部屋を借りるくらいなら」「両親と住んだほうがましだ」ということです。同僚の発言から「あなた」が両親と離れて暮らしたいことが推測されます。

STEP 3 解答例と訳

MP3 062

When I was a child, we used to play baseball, soccer, volleyball, everything in the rice field nearby. But it's gone and instead I see all these buildings and a shopping mall. The town has transformed!

> 過去の習慣で、かつ現在ではその習慣がないことを際立たせるのが used to でした。used to ＋原形となります。
> it's gone など、gone を使って、「行ってしまった」、「なくなってしまった」ということが表せます。
> I see と現在形にして「見える」としています。
> 「変わってしまった」だから、まさに完了形です。

Coffee Break

先生、どうやって勉強したのですか？(2)

1. 音声教材が NHK ラジオ講座しかなかったから、それを聞いた。

特に基礎英語。中１のときに聞いたこの番組で、一番記憶に残っているのは、"Good night, Akemi." という本文があって、これが（男性の外国人で、ちょっと声が太かったせいもあって）、どうしても「グッ・ナイドッ・アケミ」と「ドッ」と聞こえたんですね。で、「これはすごい！ night は『ナイト』だと思っていたのに、ホントは『ナイド』だったなんて！」とうれしくなって、テキストに「ナイドッ」とカタカナで書きました。けっこう素直でしたね。ここからの情報がすべて正しいと信じてすべてを音読しまくりました。

つづく → 138 ページ

CHAPTER_3

名詞表現を使って文の種類を増やす

UNIT
12 不定詞を使って名詞句を作る2つの方法

このUNITでは、おなじみ不定詞を使いこなします。さまざまな用法がある中で、形容詞的用法と、そして名詞句を作る用法として、疑問詞との組み合わせで使われる不定詞をチェックしましょう。この2つを使って、名詞句を作り、本来名詞を使うべき部分に置くことになります。

今回使いこなすすべての不定詞の用法において、まず大前提となるのはSVOの文型を実践的に理解できるかということ。ここからチェックしておきましょう。学校で学ぶ英文法とは少し違うかも知れませんが、理解しやすいと思います。目標は「結果的に使える」ということなので、理解の仕方はいろいろでかまいません。

たとえば、The man will reveal the truth.（その男は真実を明かすだろう）という英文はSVO。ですが、このSVに注目して、S to Vとする、つまり、The man to reveal the truth（真実を明らかにすることになる男）としたのが形容詞的用法の1つ。

また、このVOに注目してO to Vとすると、the truth to reveal（明らかにすべき真実）。これが形容詞的用法の2つめです。

ということでこんなルールでまとめましょう。

RULE 041 形容詞的用法とはSV ⇒ S to VまたはVO ⇒ O to V

このいずれかの関係で形容詞的用法を作り出すわけです。

ここでさらに思い出してほしいのが、**RULE 011（動詞を、第1・第3か、第2か、という分類で考える）**です。これは、The man lives in the city.（その男はその都市に住んでいる）だと、S = the man / V = lives / その他= in the city、で第1文型となりますが、そんな理解では生産性がないよ、というものでした。

これを思いきって、S = the man / V = lives inとすると、O = the cityとなって、SVOと同じ文型だということになります。こう理解すると、上の**RULE 041**から、S to V = The man to live in the cityと、O to V = The city to live inという、不

定詞の形容詞的用法が可能になります。最後の to live in の in がある理由は、V ＝ live in としたからです。

次の 2 つの例文で確認です。

例文 042
Who was the first man to land on the moon?
（月に着陸した最初の人間は誰ですか）

例文 043
I am looking for a house to live in.
（私は住む家を探しています）

そして、次にチェックするのが、

RULE 042
疑問詞＋to do のフレーズはいつも名詞句になるから、名詞の用法に従って
①主語、②補語、③目的語
として使う

というルールです。

what to say（何を言うべきか）/ how to do it（どうやってそれをやるべきか）/ when to eat it（それをいつ食べるべきか）/ where to go（どこに行くべきか）/ which knife to use（どっちのナイフを使うべきか）/ whether to believe it or not（それを信じるべきかどうか）、というラインナップを理解すればよいでしょう。

この場合にも RULE 042 の適用はあります。「どっちの家に住むべきか」はどうなるでしょうか。live in which house が基本形だから、VO ⇒ O to V がここでも活躍して、which house to live in となります。最後に in があるわけは、もう大丈夫でしょう。

例文 044

I'm not familiar with table manners. Could you tell me which knife to use to eat this salad?

（私はテーブルマナーがわからないのです。このサラダを食べるのにはどっちのナイフを使うのか教えていただけますか）

to eat this salad の部分は､｢このサラダを食べるために｣→｢使う｣となるので、これは副詞的用法と言います。UNIT 20 で使いこなしましょう。

Could you tell me（A）？で、A に短い語・フレーズだけを当てはめるのではなくて、長いものを入れられるようになると、もっと正確に、もっと詳しい話ができるようになります。Could you tell me（table manners）？の代わりに、which knife to use to eat this salad を入れることになるわけです。

10 minutes practice

使いこなし10分練習

›詳しい手順は8〜10ページを確認してください。

STEP 1 しゃべりたい！言い換えで使いこなそう（単語・句・節）

音声を聞き、cueに従って、どんどん新しい英文を作り出してください。

例文042

MP3 063

Who was the first man to land on the moon?

a) eat this strange-looking fish

b) cross the Atlantic Ocean

c) introduce Christianity to Japan

例文043

MP3 064

I am looking for a house to live in.

a) a tutor to study with

b) a good employee to leave this project to

c) a pet to play with at home

例文044

MP3 065

Could you tell me which knife to use to eat this salad?

a) which bus to take to get to ABC corporation

b) what to say at the reception

c) where to go to admire the beautiful view of the village

STEP 1 解答と訳

例文 042 MP3 063

a) Who was the first man to eat this strange looking fish?（この変な形をした魚を最初に食べた人は誰ですか）

b) Who was the first man to cross the Atlantic Ocean?（大西洋を横断した最初の人は誰ですか）

c) Who was the first man to introduce Christianity to Japan?（日本にキリスト教を紹介した最初の人は誰ですか）

例文 043 MP3 064

a) I am looking for a tutor to study with.（私は一緒に勉強するチューターを探しています）

b) I am looking for a good employee to leave this project to.（私はこのプロジェクトを任せるべきいい社員を探しています）

c) I am looking for a pet to play with at home.（私は家で一緒に遊べるペットを探しています）

例文 044 MP3 065

a) Could you tell me which bus to take to get to ABC corporation?(ABC社に行くにはどのバスに乗ればいいか教えていただけますか）

b) Could you tell me what to say at the reception?（レセプションで何を言えばいいのか教えていただけますか）

c) Could you tell me where to go to admire the beautiful view of the village?（この村のきれいな景色を眺めるにはどこに行けばいいか教えていただけますか）

STEP 2 もっとしゃべりたい！ 会話のやりとりで使いこなそう

シーン1 MP3 066

大型ショッピングセンターを建設するというプロジェクトを受注しようとしている会社の社長であるあなたは、有能な社員にこのプロジェクトを任せたいと考えています。

A board member : So, who will be in charge of this project?
You : 今、このプロジェクトを任すべき有能な社員を探しているところなんだよ。

シーン2 MP3 067

ヨーロッパの小さな村を旅行中のあなたは、一番景色のいいところで写真を撮りたいと思い、村の人に尋ねることにします。

A villager : What can I do for you?
You : ここの村のきれいな景色を楽しむにはどこに行けばいいですか。

STEP 3 ここまで使いこなしたい！ まとまった内容を表現してみよう

語学学校の新入社員研修を担当するあなたは、初日の持ち物などについてのメモを作成しました。

「初日には、後日送付されるテキストをお持ちください。なお、本社のビルがわかりにくいかもしれません。以下がその場合に問い合わせるための電話番号です」

ヒント：初日＝Day one ／ 後日＝later on ／ お持ち＝bring ／ 本社＝the headquarters ／ その場合に＝in that case

STEP 2 解答例と訳

シーン1 MP3 066

役員　：それで、本件の責任者は誰にしますか。

あなた：I am looking for a good employee to leave this project to.

> 社員は従業員と考えて employee としましたが、person とか、別の語でも OK です。
> leave ～ to ... で「～を…に任せる」です。だから「任せるべき人」と言うときには to まで必要ですね。

シーン2 MP3 067

村人　：どうしました？

あなた：Could you tell me where to go to admire the beautiful view of this village?

> 見知らぬ人に聞くので、Could you ～？くらいがいいでしょう。
> 「どこに行くべきか」が where to go と表されています。
> 「景色を見る・楽しむ・拝む」は admire という単語で表現します。enjoy とかでも OK です。

STEP 3 解答例と訳

MP3 068

On Day 1, please bring the textbook to be sent to you later on. The headquarters building may be difficult to locate. Below is the number to call in that case.

> 「初日」は on your first day, でかまいません。でも、こんな感じの数日間にわたる 1 つのセッションでは Day 1, Day 2, と言うことも普通です。
> 最初の不定詞は S to V の関係になっています（テキストが送られる）。
> 場所を見つけることは find か locate です。ここでは locate を使いましたが、find でも OK です。
> 最後の不定詞は O to V（番号に電話する＝ call the number）の関係ですね。

UNIT
13 動詞の分類　不定詞・動名詞

このUNITでは動詞の目的語として、後ろに不定詞がつくのか、動名詞がつくのか、という点から動詞を分類します。これをやると、不定詞というのは何なのか、動名詞とは何を表しているものなのかがよくわかるようになります。

動名詞は独立した項を特に設けませんでしたが、念のため、このルールだけはチェックしておきましょう。

RULE **043** **動名詞とはあくまで「名詞」**
⇒主語／補語／目的語／前置詞の後ろのどれかで使われる
（これに対して現在分詞は同じing形だが、「形容詞」）

本UNITではこの目的語としての用法に注目してみます。もちろん、不定詞も「名詞的用法」がありますから、動詞の「目的語」になります。

それでは、その両者の違いを表すルールを紹介します。

RULE **044** **不定詞のtoはhave to／be going toのto**
⇒つまり不定詞は「義務」、「未来」を表す

これに対し動名詞は「事実（一般論）」や「過去」を表すことになって、もしあるとすれば最大の違いがこれです。不定詞の形容詞的用法の例文042を思い出しましょう。

Who was the first man to land on the moon?

このto landは「着陸した⇒人」だと過去になってしまうので、本当に本当だったら「着陸することとなった⇒人」という理解です。これだと「未来」です。ただし普通の日本語としては「着陸した人」でもケチをつけるほどではありません。

もう１つ、わかりやすい例を挙げれば、新聞の見出し。新聞はいろいろ短く見出しをつけますが、これはいかがでしょう。

"U.S. president to visit China"

これを日本語の新聞ならどのように表現するでしょうか。不定詞によく注意すると、「米大統領、訪中へ」となります。この「へ」で未来が表されます。これが visiting China だと「中国を訪れている」となり、事実（過去）となってしまうのです。

さて、動名詞と不定詞の特徴的な違いを理解したところで、では、それを目的語にとる動詞にはどんなものがあるか、について見てみましょう。

例文 045

I considered applying for the job, but decided to get into a graduate school instead.
（私はその仕事に応募することも考えたが、代わりに大学院に進学することに決めた）

この consider（〜することを考える）、decide（〜することに決める）の「〜すること」はそれぞれ動名詞、不定詞、と決まっています。それぞれ 10 個ずつあげておきます。でも、数から言えば動名詞の方が少ないから、そっちを重点的に覚えておくと効率がよいでしょう。

RULE 045

consider と同じく、
動名詞だけを目的語にとる動詞の例：
stop（やめる）／ admit ／ avoid ／ finish ／ enjoy ／ postpone ／ deny ／ mind ／ practice ／ suggest

現在・過去の事実に関して〇〇する、という意味が多いです。admit はその最たるもの。「〜したことを、認める」ですから、その意味からして過去形です。

RULE 046 **decide と同じく、不定詞だけを目的語にとる動詞の例：determine ／ hope ／ attempt ／ promise ／ plan ／ mean（つもりである）／ seek ／ pretend ／ fail ／ refuse**

これからの行動を表す動詞が多いです。hope は「これから〜なることを期待する」です。

さらに、不定詞も動名詞もとる動詞をチェックしておきます。ここで注目したいのは、不定詞と動名詞とで意味が変わるパターンの動詞です。ここでも **RULE 045**、**RULE 046** の不定詞・動名詞の違いが顕著に表れます。

例文 **046**

I tried to keep my eyes open, but I couldn't. So I tried putting on a pair of goggles.
（私は目を開けていようとしたが、できなかった。そこで試しにゴーグルを着けてみた）

上の try という動詞は、後ろに不定詞だと「〜しようと試みる」となってこれからのこと（つまり、まだやっていない）ことになりますが、動名詞だと、「試しに〜する」となって、上の例文ではもう「着けた」わけです。remember（覚えている）/ forget（忘れる）/ regret（残念だ・後悔する）らはすべてその違いになります。

10 minutes practice

使いこなし10分練習

詳しい手順は8～10ページを確認してください。

STEP 1 しゃべりたい！言い換えで使いこなそう(単語・句・節)

音声を聞き、cue に従って、どんどん新しい英文を作り出してください。

例文 045

MP3 069

I considered applying for the job.

a) avoided

b) getting involved in a difficult negotiation

c) enjoyed

d) traveling to the tropical islands

e) postponed

f) suggested

例文 045

MP3 070

I decided to get into a graduate school.

a) planned

b) to quit the company and start my own business

c) failed

d) to keep a promise not to smoke any more

e) refused

f) pretended

STEP 1 解答と訳

例文045 MP3 069

a) I avoided applying for the job.（私はその仕事に応募するのを避けた）

b) I avoided getting involved in a difficult negotiation.（私は難しい交渉に関わるのを避けた）

c) I enjoyed getting involved in a difficult negotiation.（私は難しい交渉に関わるのを楽しんだ）

d) I enjoyed traveling to the tropical islands.（私は熱帯の島に旅行に行くのを楽しんだ）

e) I postponed traveling to the tropical islands.（私は熱帯の島に旅行に行くのを延期した）

f) I suggested traveling to the tropical islands.（私は熱帯の島に旅行に行くことを提案した）

例文045 MP3 070

a) I planned to get into a graduate school.（私は大学院に行くことを計画した）

b) I planned to quit the company and start my own business.（私は会社を辞めて自分の会社を始めることを計画した）

c) I failed to quit the company and start my own business.（私は会社を辞めて自分の会社を始めることに失敗した）

d) I failed to keep a promise not to smoke any more.（私はもうたばこを吸わないという約束を守るのに失敗した）

e) I refused to keep a promise not to smoke any more.（私はもうたばこを吸わないという約束を守るのを拒否した）

f) I pretended to keep a promise not to smoke any more.（私はもうたばこを吸わないという約束を守るふりをした）

STEP 2 もっとしゃべりたい！ 会話のやりとりで使いこなそう

シーン1 MP3 071

楽しい旅行もしっかりとした準備から。長期の休暇がとれたあなたは旅行を予定していたのですが…。

Your friend : Hey, what are you doing here? I thought you had gone to the Caribbean islands.

You : I wish I had. A friend of mine was supposed to come with me, but she got injured in a car accident on the day before. So 熱帯の島へ旅行するのを延期しました。

シーン2 MP3 072

約束を破ってまでやる価値のあることかどうか…。でも気持ちがわかる人もいるのでは？

Your co-worker : How are you?

You : Great! Um ... but I feel awful. もうたばこを吸わないという妻との約束を守れなかったんだ。

STEP 3 ここまで使いこなしたい！ まとまった内容を表現してみよう

あなたは下の会話を聞いてしまいました。何が起きたのか説明してください。

MP3 073

Man : Shall we get married?
Woman : Yes, let's!
Man : When shall we have a ceremony? How about next month?
Woman : Oh, that sounds too urgent. We can hold one later on.
Man : Then, how about going on a honeymoon first?
Woman : Now, that's a good idea.

- They decided ....
- They postponed ....

- The man suggested ______________________.
- You must admit ______________________.

会話の意味

男性：結婚しよう！／女性：ええ！／男性：式はいつする？ 来月とか？／女性：それは早すぎるわ。後にしましょう。／男性：じゃあ新婚旅行を先にしようか。／女性：いいわね！

STEP 2 解答例と訳

シーン1 MP3 071

友人　：あれっ、こんなとこで何してるの？ とっくにカリブ諸島に旅行に行ったと思ってたけど。

あなた：そうだとよかったけど。友だちも一緒に行くことにしていて、その友だちが前日に事故ってけがしたんだ。だから、we postponed traveling to the tropical islands.

> 「～することを延期する」だから postpone（= put off）+ ing でしたね。ちなみに put off とか give up みたいなタイプは「～することを○○する」と言うとき、動名詞になります。

シーン2 MP3 072

同僚　：調子は？

あなた：最高！ っていうか、最悪。I failed to keep a promise with my wife not to smoke any more.

> この a promise (not) to smoke の不定詞は「～という」で、「同格」の用法です。the ability to speak（しゃべる能力）もこの「同格」です。
>
> もちろん、I couldn't keep ... や、I broke the promise ... も可能です。

STEP 3 解答例と訳

MP3 074

· They decided to get married.
· They postponed having a ceremony.
· The man suggested going on a honeymoon.
· You must admit eavesdropping.

> 後ろの不定詞と動名詞をチェックしながら表現できましたか。
> 最後の英文は､「あなたは盗み聞きしたことを認めなければならない」でした！

UNIT 14 名詞の数え方と一致

RULE 004 で、英文は「～が（S)」「～する（V)」または、「～は（S)」「～である（V)」で始まる、と学びました。しかし、このSの単数･複数によっては、Vもそれなりの形に代わる（S-Vの一致）ので、このSとなる名詞がしっかり数えられていなければなりません。ここでは名詞に関して､数えるときの基本をしっかり押さえることにします。

RULE 047 主語と動詞の一致とは、主語の数に応じて動詞を変化させるという鉄則

これはたとえば、「海水の20%は汚染されている」と言うとき、is polluted ですか、それとも are polluted ですか、という問題です。

では、こういう類の問題を考えていくことにしましょう。

RULE 048 「ほとんどの学生」⇒ almost students は間違い

almost は後ろに all とか every とか、「すべて」という意味の語がないと使えないから､「学生」などの名詞があっても無意味。次の例文でチェックしましょう。

例文 047

Most of the students avoided taking the biology course.

（ほとんどの学生は生物学のコースを取るのを避けた）

most students なら、「たいていの学生」ということで意味がわかります。Almost all (of) the students ... であれば almost が正しく使えています。

次は、今の解説中に出てきた of についてのルールです。

RULE 049 〈%・分数〉of ＋（名詞）は（名詞）が単数なら動詞も単数、複数なら動詞も複数

例文 048

80% of his lecture was about how language is learned.

（彼の講義の 80% は言語がどのように学習されるかだった）

この場合は his lecture（単数）だから 80% だろうが、two thirds（3 分の 2）だろうが、some（いくらか）だろうが、とにかく単数形の動詞で受けることに注意しておきましょう。逆に、

例文 049

Three fifths of the students were from Asian countries.

（学生の 5 分の 3 はアジア諸国から来ていた）

これは、the students（複数）だから 60% だろうが、何分の何だろうが、複数の動詞（この場合は were）で受けることは、もう大丈夫でしょう。RULE 047 についての質問は、20% of the seawater is polluted. と is になります。いつも単数形の場合もあって、それが One of the ... です。

RULE 050 one of ～は必ず単数形の動詞で受ける

例文 050

One of the books in the library has been stolen.

（図書館の中の本の 1 冊が盗まれた）

「〜の中の 1 つ」なので、one of the 〜 の後ろに来る名詞は必ず複数形でなければならないことも重要です。

最後に、その「複数形」とか「単数形」とか言うけど、それはそもそも何かという問題。

RULE 051

名詞には大きく分けて①数えられる名詞（countable）と②数えられない名詞（uncountable）がある。①には何かをつけるし、②には余計なものはつけない

これで決まりです。①につけるべき「何か」とは、a / the / 〜s / many / few、②につけてはいけない「余計なもの」とは、a / 〜s / many / few となります。

でも、そもそも C なのか U なのかがわからないと先に進めないことも事実。これは残念ながら出てくる名詞とその状況での意味をいつもチェックしていくしかありません。

例文 051

Too much sugar doesn't do you any good.

（砂糖も、とりすぎると良くない）

sugar は数えないので much。そして数えられない以上、「1、2…」の「1」はあるにしても「2」がないから、動詞は絶対に単数形（does）であることに注意をします。

10 minutes practice

使いこなし10分練習

詳しい手順は8～10ページを確認してください。

STEP 1 しゃべりたい！ 言い換えで使いこなそう（単語・句・節）

音声を聞き、cueに従って、どんどん新しい英文を作り出してください。

例文047

MP3 075

Most of the students avoided taking the biology course.

a）prefer to eat salad

b）athletes

c）spend most of the time working part time to make a living

例文048

MP3 076

80% of his lecture was about how language is learned.

a）his book

b）his books were selling well

c）Two thirds

例文050

MP3 077

One of the books in the library has been stolen.

a）the computers

b）is out of order

c）the vending machines

例文051

MP3 078

Too much sugar doesn't do you any good.

a）exercise

b) caffeine

c) does harm to your stomach

STEP 1 解答と訳

例文 047 MP3 075

a) Most of the students prefer to eat salad.（ほとんどの学生はサラダを食べるほうが好きだ）

b) Most of the athletes prefer to eat salad.（ほとんどの選手はサラダを食べるほうが好きだ）

c) Most of the athletes spend most of the time working part time to make a living.（ほとんどの選手はほとんどの時間を生活のためにバイトをして過ごしている）

例文 048 MP3 076

a) 80% of his book was about how language is learned.（彼の本の 80% はどのように言語が学ばれるかについてだった）

b) 80% of his books were selling well.（彼の出版した本のうち、80% は良く売れていた）

c) Two thirds of his books were selling well.（彼の出版した本のうち、3 分の 2 はよく売れていた）

例文 050 MP3 077

a) One of the computers in the library has been stolen.（図書館の中のパソコンが 1 台盗まれた）

b) One of the computers in the library is out of order.（図書館の中のパソコンの 1 台が故障中だ）

c) One of the vending machines in the library is out of order.（図書館の中の自販機の 1 つが故障中だ）

例文 051 MP3 078

a) Too much exercise doesn't do you any good.（運動をしすぎると良くない）

b) Too much caffeine doesn't do you any good.（カフェインをとりすぎると良くない）

c) Too much caffeine does harm to your stomach.（カフェインのとりすぎ

は胃に害を与える）

STEP 2 もっとしゃべりたい！ 会話のやりとりで使いこなそう

シーン1 MP3 079

ボクシングのジムを見学しているのですが、みんなど迫力。でも、実はこれでも生活は厳しいらしいのです。友人のその現実を教えてあげましょう。

Your friend : These people are what I call professionals.

You : But ここのたいていのボクサーは1日の大半をバイトしているんだよ。

シーン2 MP3 080

深夜まで残って残業中のあなたのグループ。もう5杯目のコーヒーに手をつけようとした仲間に飲みすぎを注意します。

Your co-worker : Oh, boy, I'll take another cup of coffee.

You : コーヒーは飲みすぎると良くないよ。

STEP 3 ここまで使いこなしたい！ まとまった内容を表現してみよう

留学先の大学で寮に滞在しているあなたは、日本の友人にアメリカの寮生活についてメールします。

「この寮の中では、ほとんどの学生がアジア諸国から来ています。私のルームメイトのキャサリン（Catherine）が私にたくさんいいアドバイスをくれるので、前回のアメリカ史のテストの 80% は簡単でした。キャサリンはよく泳ぐのですが、泳ぎすぎもよくないですね」

ヒント：寮＝dormitory（dorm）／アジア諸国＝Asian countries／ルームメイト＝roommate／アドバイス＝advice／アメリカ史＝U.S. history／前回の＝previous

STEP 2 解答例と訳

シーン1 MP3 079

友人　：この人たちこそ、プロだね。
あなた：でも、most of the boxers here spend most of the day working part time.

- 「これこそまさに」は what I call ～で表せます。
- 「たいていの」はこのほかに almost all of the ～ / almost all the ～ / most ～の 3 つがあります。of の後には the がつくことと、almost の後ろは all であることに注意しましょう。
- 「1 日の大半」は most of the day。これも「ほとんど」と同じ most が使われています。

シーン2 MP3 080

同僚　：やれやれ、もう 1 杯コーヒーでも飲むかな。
あなた：Too much coffee does you no good.

- coffee は数えられないので much で修飾します。
- no ＝ not any なので、今回のように no good と表現すると "does you no good" となります。
- 主語が数えられないので、動詞は単数形 does であることがポイントでした。

STEP 3 解答例と訳

MP3 081

Most students in the dorm come from Asian countries. My roommate Catherine gives me a lot of advice, so 80% of the previous U.S. history test was easy. She swims a lot, but too much swimming doesn't do her good.

- 「たいていの」を most students としています。
- この人は 1 つの部屋を share しています。この相手のことをルームメイトと言います。この roommate との相性はよく TOEFL でも問題になります。
- 「アドバイス」は数えられないので a lot of をつけても複数形にしません（suggestion は数えられます）。
- test（単数）の 80% なので動詞は was（単数）です。
- swimming という動名詞も数えられないので much で修飾です。

UNIT

15 無生物主語の構文

この章では「名詞表現」を使って表現力を伸ばそうとしていますが、その大きなポイントの1つが、この「無生物主語」の構文です。この構文が使えることで、英語ならではの文を作ることができます。主語は人間だけでなく、無生物も主語になって動作ができます。

さっそく次のルールから始めましょう。

RULE 052 英語は名詞で、日本語は動詞で、文を作る

5億年ほど前に、地球上の酸素が現在のレベルにまで増えたのですが、そのことを述べるとき、

（日本語としては）酸素が「増えた」「ので」、空気「は」濃く「なった」。
（英語としては）「余分の酸素は」、空気を濃く「した」。

という差がつくのがわかるでしょうか。日本語は動詞をメインに、英語は名詞をメインに文を作る、というのは、そういうことです。英語の文法で「名詞表現」を重要視したいのは、**RULE 052** を普段から意識したいからです。

例文 052

The extra oxygen made the air thicker.
（余分の酸素のために、空気は濃くなった）

この日⇔英の対比をよく記憶しておくとよいでしょう。このときに使われるのが使役動詞 make であることも意識しましょう（UNIT 03 参照）。どのルールでもそうですが、このルールもいつも必ず適用されるわけではありません。ただ、1つの目安としてはとても役に立ちます。

このほか、無生物構文にはさまざまな様態があります。

RULE 053 **「無生物主語」+ allow ... で、「無生物主語」のおかげで「…できる」という可能を表せる**

例文053

Folding wings allow these insects to crawl into narrow spaces.
（折り畳み翼のおかげで、これらの昆虫は、這って狭いスペースに行けるのです）

この「おかげで」ときたときに、Thanks to ～とは別に、この allow（またはそれ以外の動詞）の可能性があるわけです。

RULE 054 **「無生物主語」+ keep ／ prevent ／ stop（誰々）from (doing) は「無生物主語」のおかげで「…できない」という妨害を表せる**

例文054

The lecture explains how GPS satellites keep us from getting lost.
（レクチャーではGPS衛星のおかげで、どうして私たちが道に迷わないかが説明されています）

同じ「おかげで」でも、できない、という帰結もありえます。これも prevent などを使うと、無生物主語の構文で表せるわけです。

RULE 055 **take などを使って「無生物主語」が（誰々）を連れて行く＝（誰々）が行く**

例文055

Get off at that station. A five-minute walk will take you to the stadium.

（その駅で降りてください。徒歩５分でスタジアムに行けます）

これも、「5分の徒歩が」「連れて行く」という文ですが、普通の日本語では「5分で行ける」となります。この逆（日→英）ができることが目標です。

このように、

RULE 056 「できる・できない」、と言うときに「無生物主語」が使えることが多い

わけです。その代表例を最後にこの構文のまとめとして挙げておきます。

例文056

The advent of new technology has made it possible to manufacture more fuel-efficient cars.

（新技術の到来によって、さらに燃費の良い自動車を生産することができるようになりました）

この make it possible の主語にもよく無生物主語が来ることになります。

10 minutes practice

使いこなし10分練習

詳しい手順は8～10ページを確認してください。

STEP 1 しゃべりたい！ 言い換えで使いこなそう（単語・句・節）

音声を聞き、cue に従って、どんどん新しい英文を作り出してください。

例文052 MP3 082

The extra oxygen made the air thicker.

a) substance
b) smelly
c) sulfur dioxide

例文053 MP3 083

Folding wings allow these insects to crawl into narrow spaces.

a) fly
b) beetles
c) escape

例文054 MP3 084

The lecture explains how GPS satellites keep us from getting lost.

a) the earth-orbiting
b) prevent
c) wandering off the path

STEP 1 解答と訳

例文052 MP3 082

a) The extra substance made the air thicker.（余分の物質のために、空気は濃くなった）

b) The extra substance made the air smelly.（余分の物質のために、空気は臭くなった）

c) The extra sulfur dioxide made the air smelly.（余分の二酸化硫黄のために、空気は臭くなった）

例文053 MP3 083

a) Folding wings allow these insects to fly into narrow spaces.（折り畳み翼のおかげで、これらの昆虫は、狭いスペースに飛んで行けるのです）

b) Folding wings allow these beetles to fly into narrow spaces.（折り畳み翼のおかげで、これらの甲虫は、狭いスペースに飛んで行けるのです）

c) Folding wings allow these beetles to escape into narrow spaces.（折り畳み翼のおかげで、これらの甲虫は、狭いスペースに逃げられるのです）

例文054 MP3 084

a) The lecture explains how the earth-orbiting satellites keep us from getting lost.（レクチャーではGPS衛星のおかげで、どうして私たちが道に迷わないかが説明されています）

b) The lecture explains how the earth-orbiting satellites prevent us from getting lost.（レクチャーではGPS衛星のおかげで、どうして私たちが道に迷わないかが説明されています）

c) The lecture explains how the earth-orbiting satellites prevent us from wandering off the path.（レクチャーではGPS衛星のおかげで、どうして私たちが道に迷わないかが説明されています）

STEP 2 もっとしゃべりたい！ 会話のやりとりで使いこなそう

シーン1 MP3 085

カナダで語学留学中に TOEFL のテストを受験することになったあなたは、今回の会場のことを忘れて電車に乗ってしまいました。

Passenger : Get off at Spadina. 徒歩10分で会場に行けますよ。

You : Thank you for your help.

シーン2 MP3 086

久しぶりにアリゾナに戻ったあなたは、空気がちょっと悪い気がしました。

You : I wish the air smelled better. What's going on?

Resident : We have a new chemical factory over there. で、空気が悪くなったんです。

STEP 3 ここまで使いこなしたい！ まとまった内容を表現してみよう

古生物学の授業を受けて、ペーパーを提出することになりました。タイトルは「恐竜はなぜ絶滅したか」です。しっかり書いてみましょう。

> 「最近の説明によれば、恐竜は巨大な隕石が地球に衝突したために絶滅したとされています。衝突の後、長期間チリが太陽の光を妨げました。これによって、植物が生きていくのが不可能になりました。それから草食動物、そして恐竜が死に絶えました。しかし、恐竜はその衝突よりも前にすでに絶滅していたことを示す証拠もあります」

ヒント：隕石＝ meteorite ／ 衝突＝ crash ／ 絶滅する＝ die out ／ 草食動物＝ plant-eaters

STEP 2 解答例と訳

シーン1 MP3 085

乗客　：スパダイナ駅で降りてください。A ten-minute walk will take you to the test center.

あなた：ありがとうございます。

> A ten-minute walk のように、ハイフンの部分は形容詞として機能します。これを Ten minutes' walk とすることもできます。Bob's book と同じことです。これらは無生物主語と言っても、すごいものではなく、日常会話で使われるものです。

シーン2 MP3 086

あなた：空気がもっとおいしかったらなあ。どうしたんだろう。

住民　：あそこに新しい化学工場があるんですよ。That has made the air dirtier.

> 「その工場が空気を汚くした」と無生物の主語と make の第5文型を使って表せます。空気が悪く「なっている」ので、現在完了形がよいでしょう。その場合、話すときには "That's" と短縮されることもあります。That's = that is / that has の可能性があります。

STEP 3 解答例と訳

MP3 087

A recent explanation suggests that dinosaurs died out because a huge meteorite crashed to Earth. After the crash, dust blocked out sunlight for a long time. This made it impossible for all the plants to keep alive. And then all the plant-eaters, as well as all the dinosaurs died. However, some evidence indicates that the dinosaurs had become extinct before the crash.

> こちらの英語が無生物主語になっているときの日本語がどのように対応しているのか比べてみるのも面白いと思います。

UNIT 16 冠詞

名詞を使うときに切っても切れないのが、冠詞です。冠詞は単に名詞にかぶせる冠(かんむり)というわけではなくて、しっかり意味を表します。ですから、コミュニケーション上も重要な項目になります。

形式的・意味的両方の観点から、冠詞を意識できると、もっと充実したコミュニケーションが可能になると思います。

冠詞の基本はこれです。

RULE 057 数えられる名詞には何かをつける

a でも the でもかまいません。何かをつけないかぎり「形式的には」文の中で機能しません。それを念頭に置いたうえで、まずは、a と the の唯一最大の、そして決定的な違いから、このルール。

RULE 058 この世に 1 つしかないもの⇒ the
この世にたくさんあるもの⇒ a

大ざっぱにいえば、このルールがすべてだと言ってよいでしょう。自分が伝えたいものが「特定のペン」しかダメなのなら the pen とするし、そうではなくて、「ペンという種類のもの」を言いたいのであれば（たくさんあるから）a にする、という、けっこう簡単なルールです。

ところで、日本語には a や the は、ないでしょうか。こんな例を考えてみましょう。あなたの携帯電話が行方不明だとします。お母さんに「ねえ、私の携帯どこか知ってる？」と聞いたとしましょう。「あっ、それならテレビの横にあったわよ」と言われて、あなたは「えっ？ それって隣の鈴木さんちのテレビのこと？ どこのテレビのこと？」って聞き返すわけがないですね。間違いなく、まっすぐ、「テレビ」に向かって進むはずです。

お母さんもあなたも、この場面で「テレビ」と言えば、自分のうちのテレビであることがわかっているし、そうでなければならない（つまり、あなたとお母さんの世の中では1つしかない）のでした。

そんなとき、the TV set と the をつけます。それがある日友だちに、「昨日、うちテレビ買ったんだ」と言われて、あなたは「やっぱりそれ買ったんだぁ」というわけにはいかないです。こんなときには、その友だちの英語には a TV set と a がついています。このように、日本語でも、冠詞の概念はあるわけです。

さて、この **RULE 058** からいろいろと付随的なルールができてきます。

例文 057

This is the most beautiful castle I have ever seen.
（これは私がこれまでに見た最も美しいお城だ）

これに the が必要なのは「最上級」だから。最上級に the がつくのは、「その人の世の中に1つしかない」からです。

例文 058

I have a friend who lives in Hawaii.
（私にはハワイに住む友だちがいます）

これに a がついているのは、「私」には友だちが「たくさんいる」からです。the だと、

例文 059

The country I would like to visit is Italy.
（私が訪れたい国はイタリアです）

のようになるから、こうなると、「私が訪れたい」国は1つしかないことになります。たくさんあることをはっきりさせるには One of the countries that I would like to visit is Italy. とすべきです。ここの the countries は単なる国々ではなく「私が訪れたい⇒国々」と限定されているので the がついている、と理解します。

例文 060

If I were an American, I would teach English in Japan.

（私がアメリカ人なら、日本で英語を教えるだろう）

これは an になっていますが、もちろん、「アメリカ人なら誰でもいいから」です。これを If I were the American, とすると、「もし私がそのアメリカ人なら」となりますから、すでに話の中に出ていないといけなくなります。If I were the American, I wouldn't have done such a thing.（もし、私がそのアメリカ人だったら、そんなことはしなかったのに）と、何かやらかしてしまったアメリカ人の話をしていたことになるでしょう。

例文 061

I don't agree with the opinion that Japanese people cannot learn English.

（私は日本人が英語を習得できないという意見には賛成しない）

この同格の that と呼ばれる接続詞が説明する名詞も、the が必要なことが多いです。特に、この「意見」は、それを聞いたうえで、「賛成しない」というのだから、特定の意見であるという説明もできます。

Point
1つしかないもの、
たくさんあるもの、
瞬時に伝えられる
ように練習しよう

10 minutes practice

使いこなし10分練習

詳しい手順は8～10ページを確認してください。

STEP 1 しゃべりたい！ 言い換えで使いこなそう（単語・句・節）

音声を聞き、cue に従って、どんどん新しい英文を作り出してください。

例文 057

MP3 088

This is the most beautiful castle I have ever seen.

a）vehicle
b）temple
c）ever visited
d）historic site

例文 058

MP3 089

I have a friend who lives in Hawaii.

a）a relative who lives in the region
b）a house in Hawaii, which a friend of mine takes care of
c）the feeling that something will happen
d）the impression that Japan is not an Asian country

例文 060

MP3 090

If I were an American, I would teach English in Japan.

a）I would be rooting for the American team
b）If I were a member
c）I would also cry when the team wins the game
d）If I knew a member of the team

STEP 1 解答と訳

例文057 MP3 088

a）This is the most beautiful vehicle I have ever seen.（これは私がこれまで見た最もきれいな乗り物だ）

b）This is the most beautiful temple I have ever seen.（これは私がこれまで見た最も美しい寺院だ）

c）This is the most beautiful temple I have ever visited.（これは私がこれまで訪れた最も美しい寺院だ）

d）This is the most beautiful historic site I have ever visited.（これは私がこれまで訪れた最も美しい史跡だ）

例文058 MP3 089

a）I have a relative who lives in the region.（私にはその地域に住む〔たくさんいる中の〕親せきが人いる）

b）I have a house in Hawaii, which a friend of mine takes care of.（私はハワイに家があり、〔たくさんいる中の〕ある友人が留守を守っている）

c）I have the feeling that something will happen.（私には何かが起こりそうな気がする）

d）I have the impression that Japan is not an Asian country.（私には日本はアジアの国ではないという印象がある）

例文060 MP3 090

a）If I were an American, I would be rooting for the American team.（私がアメリカ人なら、〔話題の〕アメリカのチームを応援しているだろう）

b）If I were a member, I would be rooting for the American team.（私がメンバーなら、そのアメリカのチームを応援しているだろう）

c）If I were a member, I would also cry when the team wins the game.（私がメンバーなら、〔その〕試合に勝ったら、自分も泣くだろう）

d）If I knew a member of the team, I would also cry when the team wins the game.（私がメンバーの〔たくさんいる中の〕１人を知っていたら、〔その〕試合に勝ったとき、自分も泣くだろう）

STEP 2 もっとしゃべりたい！ 会話のやりとりで使いこなそう

シーン1 MP3 091

イタリア旅行中のあなたは、英語を話すガイドさんに連れられ、ついにサン・ピエトロ聖堂にやって来ました。

Guide : Now you have to take off your cap. Otherwise, you can't enter this temple.

You : これは私が訪れた中でも最高に美しい寺院だ！

シーン2 MP3 092

アジアを旅行中のあなたは、少し立ち止まって日本のことを考えています。

Tourist : This is something you can't see in Japan. Don't you think so?

You : Yes, and come to think of it, 私には日本はアジアの国ではないという印象があります。

STEP 3 ここまで使いこなしたい！ まとまった内容を表現してみよう

共用の部屋を勝手に掃除してしまったあなた。ルームメートのために、何をどこに片づけたかメモを残しておきましょう。

> 「スティーブ、君の CD は引き出しの中に入れました。テーブルの上の花は枯れていたので、ゴミ箱に捨てました。面白そうな雑誌を買ってきたので、テーブルの上に置いておきます」

ヒント：引き出し＝ drawer ／ 枯れる＝ die ／ ゴミ箱＝ trash can ／ 雑誌＝ magazine ／ 置いておきます＝ I left it on ～ .

STEP 2 解答例と訳

シーン1 MP3 091

ガイド：ここでは帽子をとってください。でないとこの寺院には入れませんよ。

あなた：This is the most beautiful temple I have ever visited!

> 最上級なので the です。ちなみに temple の後ろには関係代名詞が省略されています。目的格なのですが、先行詞が最上級なので which ではなくて、that となります。だから関係代名詞をつけると、... temple that I have ever visited. です。visit は他動詞ですから where にはなりません。

シーン2 MP3 092

旅行者：これは日本では見られないものですね。そう思いませんか。

あなた：そうですね、それにそう言えば、I have the impression that Japan is not an Asian country.

> the impression と定冠詞になっているのは印象が1つだけ（しかも、that～で同格。「～という印象」）だからです。で、アジアのどの国という限定をしているわけではなくて、アジアの国ならどこでもいいので、an Asian country と an を選択します。

STEP 3 解答例と訳

MP3 093

Steve, your CDs are in the drawer. I found the flower on the table already dead, so I threw it into the trash can. I bought a magazine which looked interesting. I left it on the table.

> 「引き出し」には the がつきます。「引き出し」というだけで、どの引き出しかスティーブにはわかると判断できたからです。a drawer だと、世の中のどの引き出しにも CD がないといけません。
> 花も the、ゴミ箱も the、テーブルも the。理由は上と同じです。
> ただ、「雑誌」はスティーブに頼まれたものなら the ですが、どうやら自主的に買ったものなので、「雑誌」でスティーブは「あっ、あれね！」とはいきません。で、a magazine which ～となっています。しかも「面白そうな」雑誌は1つだけではないので、たくさんあるときに使う a となるのです。限定されているから the というわけでもないのです。

UNIT
17 形容詞の用法

名詞の前には形容詞を置いてさまざまなニュアンスを表します。

this method（この方法）だとニュートラルですが、this innovative method（この革新的な手法）とか、this time-consuming method（この時間のかかる方法）などと形容詞を置くことで、自分の method に対する意見を述べることができます。

RULE 059 名詞を前から修飾するのが限定用法

これは a young man というフレーズに見られるような、みなさん最も慣れ親しんだ用法。つまり名詞を修飾する用法です。

RULE 060 名詞を修飾する語が 1 語のとき⇒
名詞の直前に置く
名詞を修飾する語句が 2 語以上のとき⇒
名詞の後ろに置く

たとえば、前置詞が名詞とくっついて形容詞となるときには絶対に 2 語以上になるから、名詞の後ろに置くしかない、となります。next to us people ではなくて、people next to us（私たちの隣人）となります。

RULE 061 叙述用法とは SVC や SVOC の C になる用法

The man is young の young は、今度は叙述用法です。なぜこの使い分けが必要なのかというと、

RULE 062 形容詞には限定用法しかないものや
叙述用法しかないものがある

からです。特に叙述用法しかないものは特徴的で、最初が a- で始まっています。

例文 062

After the crash, all the passengers were found alive.

（墜落後、乗客全員が生存しているとわかった）

これは SVOC の受動態になっていますが、alive は C のところにありますね。これが alive passengers（限定用法）とは言えなくて、言いたいときには living など別の語を使うことになります。

afraid / alert / alike / alone / asleep / awake / aware を代表例として挙げておきます。

次に混同しやすいのが、いわゆる感情表現の形容詞です。

RULE 063 感情表現の形容詞：［人］⇒ -ed ／［モノ］⇒ -ing

たとえば、動詞 amaze を辞書で確認すると「〈物・人が〉〈人を〉びっくりさせる」となっています。つまり〈物・人〉amaze〈人〉となる他動詞というわけです。で、〈物〉に関しては主語にしかならないので、これを進行形にすると -ing がつくし、〈人〉に関してはこれを受動態にすると〈人〉について言えるので、そうすると -ed がつく、という種明かしになります。

この手の形容詞は全部このパターンなので、どちらかわからないときには、必ずここまで戻ることが大切です。

例文 063

I can't stand that annoying sound from the construction site. I am so irritated.

（工事現場から聞こえるあのうるさい音には我慢できない。ほんとにむかつく）

annoy〈人〉で「〈人〉をイライラさせる」ですから、そういう音は annoying となるし、irritate〈人〉の受動態だから I am irritated. となります。

この手の代表例を挙げておきます。-ing が物を修飾、-ed が人を修飾することを頭において、できればそれぞれの元の動詞を辞書で確かめておきましょう。

amusing – amused / boring – bored / charming – charmed / disappointing – disappointed / embarrassing – embarrassed / exciting – excited / interesting –interested / satisfying – satisfied / surprising – surprised

上の形容詞は限定・叙述ともに OK です。

10 minutes practice

使いこなし10分練習

詳しい手順は8～10ページを確認してください。

STEP 1 しゃべりたい！ 言い換えで使いこなそう(単語・句・節)

音声を聞き、cue に従って、どんどん新しい英文を作り出してください。

例文 062

MP3 094

After the crash, all the passengers were found alive.

a) afloat on the lake

b) alert to the surroundings

c) asleep

d) aware of what happened

e) afraid of flying again

f) aloof from each other

例文 063

MP3 095

I can't stand that annoying sound from the construction site.

a) from the stadium

b) charming

c) am contented with

d) frightening

e) am disappointed at

f) am bored with

STEP 1 解答と訳

例文 062 MP3 094

a) After the crash, all the passengers were found afloat on the lake.（墜落の後、乗客全員が湖に浮かんでいるのが見つかった）

b) After the crash, all the passengers were found alert to the surroundings.（墜落の後、乗客全員が周囲に敏感になっているのがわかった）

c) After the crash, all the passengers were found asleep.（墜落の後、乗客全員とも眠っているところを発見された）

d) After the crash, all the passengers were found aware of what happened.（墜落の後、乗客全員とも、何が起きたかわかっているのがわかった）

e) After the crash, all the passengers were found afraid of flying again.（墜落の後、乗客全員とも再び飛行機に乗るのを恐れているのがわかった）

f) After the crash, all the passengers were found aloof from each other.（墜落の後、乗客全員とも、お互いによそよそしいことがわかった）

例文 063 MP3 095

a) I can't stand that annoying sound from the stadium.（私はスタジアムから聞こえるうるさい音に耐えられない）

b) I can't stand that charming sound from the stadium.（私はスタジアムから聞こえるかわいい音に耐えられない）

c) I am contented with that charming sound from the stadium.（私はスタジアムから聞こえるかわいい音に満足している）

d) I am contented with that frightening sound from the stadium.（私はスタジアムから聞こえるあの恐ろしい音に満足している）

e) I am disappointed at that frightening sound from the stadium.（私はスタジアムから聞こえるあの恐ろしい音に失望している）

f) I am bored with that frightening sound from the stadium.（私はスタジアムから聞こえるあの恐ろしい音にうんざりしている）

STEP 2 もっとしゃべりたい！ 会話のやりとりで使いこなそう

シーン1 MP3 096

近隣の工場で何かが漏れ出したというニュースで少し慌てます。

You : なんか、恐ろしいニュースがあるんだけど。

Your friend : Yeah, something is wrong with a factory in our neighborhood.

シーン2 MP3 097

夏休みに飼っていたカブトムシの運命が気になります。できるだけ長生きしてほしいのですが。学校から帰ったあなたはさっそく聞いてみます。

Your roommate : Hey, you look restless. What's going on?

You : 僕のカブトムシまだ生きてる？

STEP 3 ここまで使いこなしたい！ まとまった内容を表現してみよう

外国で観光バスに乗っていたら何かの事件に巻き込まれたのかと思ってびっくりした、という面白い思い出を現地でできた友人にメールで送りましょう。

「バスで観光していた。突然、恐ろしい音が聞こえた。乗客は全員驚いた。みんな心配した。そのとき、添乗員のかわいらしい声が聞こえた。『あっ、花火ですね～』。みんな安心した」

ヒント：観光する＝ tour ／ 突然＝ all of a sudden ／ 乗客＝ passengers ／ 心配する＝ worry ／ 添乗員＝ conductor ／ 花火＝ firework ／ 安心させる＝ relieve

STEP 2 解答例と訳

シーン1 MP3 096

あなた：I heard some terrifying news.
友人　：うん、このへんの工場がおかしいんでしょ。

> news は数えられないので a ではなくて some をつけます（無理に数えるときは a piece of news とします）。
> 「(人) を恐ろしくさせるような」だから -ing をつけますね。
> 「〜の調子が悪い」を表す something is wrong with 〜も知っておきましょう。

シーン2 MP3 097

ルームメイト：おう、そわそわして、どうした？
あなた　　　：Is my beetle still alive?

> 「まだ」は still。否定文で「まだ〜ない」なら yet。
> 「生きている⇒カブトムシ」なら a living beetle ですが、「カブトムシが⇒生きている」なので叙述用法 alive を使います。

STEP 3 解答例と訳

MP3 098

We were touring by bus. All of a sudden, some terrifying sounds were heard. All the passengers were surprised and worried. Then the charming voice of the conductor was heard. It said, "Oh, fireworks!" Everyone was relieved.

> 「〜が聞こえた」は受動態になります。
> 「恐ろしくさせるような⇒音」なので -ing 形です。
> 「(人) が驚く」、「(人) が心配する」、「(人) が安心する」なので、すべて -ed です。
> 「(人) をうっとりさせるような⇒声」なので charming と -ing 形です。

Coffee Break

先生、どうやって勉強したのですか？(3)

2. 高校生のころから、雑誌 *TIME* を購読した。

英文雑誌 *TIME* を購読し始めました。なにしろ参考書以外に英文を読みたいと思っても、田舎だし、なんにもないので、*TIME* なんていうと「そんな難しいの読んでるの？」なんてなるけど、それをやるか、まったくやらないかのどっちかでした。辞書・文法書をひきひき、チマチマと少しずつ読んだものです。でも、英語でしか入らない情報を得ることができるというのはなんという喜びだったか。１つの記事を読み終えるたびに、何か成長したような気持ちでした。ホントは、ここでその感想文を英語で書いてみてもらったり、ディスカッションできる人がいれば理想的でした。

つづく → 168 ページ

173 rules for successful
communication in English

CHAPTER_4

句を節にして詳しい説明にする

UNIT
18 比較級

比較の基本は「〜より…」。ところが、英語が日本語と違うところは、一体何を比べるのか、はっきりさせないといけないことにあります。「いやぁ、やっぱ日本よりいいよね」だと、「何が」日本の「何」よりいいのかが言えていないので、英語ではうまく表せないのです。

そこで、このルールがあります。

RULE 064 比較の対象は同じ形で表す

これは「東京の気候はロンドンより温暖だ」に代表されるルールで、比較では最も重要です。これを英訳して、The climate of Tokyo is milder than London. としてはいけません。「東京の気候」と「ロンドン」を比較しているからです。それは不可能です。

そこで「同じ名詞の繰り返しを避ける that」を使い、

例文 064

The climate of Tokyo is milder than that of London.
（東京の気候はロンドンより温暖だ）

とします。

that of 〜の部分は、もともと the climate of London なのですが、the climate がすでに使われているので、that で代えています。こうすれば than の前後が同じ形になります。

例文 065

The Romans were more disciplined soldiers than those of any other ancient nation.
（ローマ人たちは他のどの古代国家よりも鍛えられた兵士だった）

こちらの those は the soldiers of any other ancient nation と、複数形（the soldiers）なので、that も those となっています。

RULE 065 比較の文は -er がついているもの以外にもある。このときにも、比較のルールが適用される

similar to（似ている）/ different from（異なる）/ identical to（同一である）

このような表現は、やはり 2 つのものを「比較」しています。そこで、RULE 064 の適用があるわけです。

たとえば、Australopithecus afarensis（アウストラロピテクス・アファレンシス）の頭蓋骨の話題になったときに、

例文 066

The skull of Australopithecus afarensis is similar to that of a chimpanzee.

（アウストラロピテクス・アファレンシスの頭蓋骨はチンパンジーの頭蓋骨に似ている）

とします。これが similar to a chimpanzee だと、（意地悪な見方をすれば）チンパンジーの形をした頭蓋骨ということになってしまいます。

例文 067

I wonder if my maternity rights are different from those of full-time workers.

（私の産休などの権利は、正社員とは違うのかしら）

今度は rights ＝ those となります。from those を from full-time workers としてしまうと、比較の対象がおかしくなります。

このように、比較をするときに対象を同じ形にする、というのは、日本語ではあいまいなだけに、重要な観点です。

この他、比較の構文を確認しておきましょう。

RULE 066 現在との対比での「昔」は used to で表す

例文 068

Tom is not so arrogant as he used to be.
（トムは昔ほど横柄ではない）

この例文では as の前後で Tom is（現在）と he used to be（昔）を比べています。「昔」という単語を使わずに「昔」が表されているのです。as の前後が同じ形であることにも注意しましょう。

また、倍数を表すには、as ... as の前に、twice（2 倍）、three times（3 倍）、half（半分）などをつけます。

RULE 067 倍数は（　　）times as ... as ～

例文 069

The population of Japan is twice as large as that of Britain.
（日本の人口はイギリスの 2 倍だ）

この倍数表現を使いこなすには、「あるものと、比較できる適切なものを知っている」ことが重要です。この場合だとイギリスの人口を知らなければ、例文 069 を言うことはできないし、倍数表現も、宝の持ち腐れとなります。こういったことにも、「英文法だけ知ること」と、「それを使いこなすこと」との大きなギャップがあるわけです。

RULE 068 not so much A as B（A というよりはむしろ B）の構文でも、比較には違いないから A と B は同じ形にする

例文070

You will become a better speaker of English not so much by reading silently as by reading aloud.
（黙読よりはむしろ音読によって、あなたは英語が上手になります）

上の例文でも by ＋ doing で形が統一されています。こういう「形」の面が文法の大きな側面です。

したがって、この構文も、実際には、not so much A but B として使われることもありますが、意味としてはそのほうがわかりやすいとしても、形式的には比較構文の応用形ですから as を使うほうがよいのです。

ただ、このような、文法と実際の使用例との差を楽しむのも、有意義な文法の学び方です。

10 minutes practice 使いこなし10分練習

詳しい手順は8～10ページを確認してください。

STEP 1 しゃべりたい！ 言い換えで使いこなそう（単語・句・節）

音声を聞き、cueに従って、どんどん新しい英文を作り出してください。

例文 064 MP3 099

The climate of Tokyo is milder than that of London.

a) The temperature
b) similar to
c) that of Seoul

例文 067 MP3 100

I wonder if my maternity rights are different from those of full-time workers.

a) working conditions
b) similar to
c) entry-level workers

例文 069 MP3 101

The population of Japan is twice as large as that of Britain.

a) that of Italy
b) that of Korea
c) three times

例文 070 MP3 102

You will become a better speaker of English not so much by reading silently as by reading aloud.

a) traveling abroad / staying in your country

b) You can make foreign friends
c) going to a library / going to a bar

STEP 1 解答と訳

例文064 MP3 099

a) The temperature of Tokyo is milder than that of London.（東京の気温はロンドンよりも温暖だ）
b) The temperature of Tokyo is similar to that of London.（東京の気温はロンドンと似ている）
c) The temperature of Tokyo is similar to that of Seoul.（東京の気温はソウルに似ている）

例文067 MP3 100

a) I wonder if my working conditions are different from those of full-time workers.（私の労働条件は正社員と違うのだろうか）
b) I wonder if my working conditions are similar to those of full-time workers.（私の労働条件は正社員と似ているだろうか）
c) I wonder if my working conditions are similar to those of entry-level workers.（私の労働条件は未経験者と似ているのだろうか）

例文069 MP3 101

a) The population of Japan is twice as large as that of Italy.（日本の人口はイタリアの 2 倍だ）
b) The population of Japan is twice as large as that of Korea.（日本の人口は韓国の 2 倍だ）
c) The population of Japan is three times as large as that of Korea.（日本の人口は韓国の 3 倍だ）

例文070 MP3 102

a) You will become a better speaker of English not so much by traveling abroad as by staying in your country.（外国に旅行することよりも、自国にとどまることによって、英語がうまくなるだろう）
b) You can make foreign friends not so much by traveling abroad as by staying in your country.（外国に旅行することよりも、自国にとどまるこ

とによって、外国の友人を作ることができる）

c）You can make foreign friends not so much by going to a library as by going to a bar.（図書館に行くことよりも、バーに行くことで外国の友だちが作れる）

STEP 2 もっとしゃべりたい！ 会話のやりとりで使いこなそう

シーン1 MP3 103

韓国旅行のお土産話をしています。

Friend : I'm glad you've come back safe. Was it cold there?

You : It was freezing! ソウルの気候は東京より穏やかなんて誰が言ったんだか！

シーン2 MP3 104

いつまでたっても自分の待遇が上がらない会社の悪口を言っています。

Friend from another company :
When I stay at work after midnight, I usually take a taxi home. I charge the taxi fare to the company later.

You : Can you? Oh, I've been with this company for more than 20 years, けれど、自分の労働環境はまだ下っ端の従業員と似ているってことか。

STEP 3 ここまで使いこなしたい！ まとまった内容を表現してみよう

10年ぶりに訪れたL.A.のことを友人にメールすることにしました。

「この街は10年前よりもずっときれいです。そして、天気については東京よりしのぎやすい。ここは他の市の多くよりも殺人事件率が高いんだけど今回は良い旅だった。L.A.は住宅地というよりは、商業地だ」

ヒント：きれいになる⇒整備される、きちんとしている＝organized ／ 殺人＝murder ／ 率＝rate ／ 今回は＝this time ／ 住宅地（域）＝residential area

STEP 2 解答例と訳

シーン1 MP3 103

友人　：無事に帰ってきてよかった。寒かった？

あなた：凍えそうだったよ。Who said the climate of Seoul is milder than that of Tokyo?!

> Who said ... ? は特に誰が言ったかを聞いているのではありません。
> that of Tokyo（= the climate of Tokyo）と言えるのが大切です。
> お天気= weather ／気候= climate となります。

シーン2 MP3 104

他社の友人：僕は深夜を超えて仕事をするときには、たいていタクシーで帰宅するよ。後で会社に請求すればいいから。

あなた　　：そういうのできるんだ？ あーあ、もう勤続20年になるんだ、but my working conditions are still similar to those of entry-level workers.

> タクシーに乗る、は take a taxi。これに「家に」をつけて take a taxi home とします。to home ではありません。
> conditions と複数形になっているので、形を合わせて those にします。

STEP 3 解答例と訳

MP3 105

Los Angeles is much better organized and more beautiful than it was ten years ago. The weather is much more comfortable than in Tokyo. L.A. has a higher murder rate than a lot of other cities, but this time, I had a safe trip. It is not so much a residential area as a commercial district.

> 比較級を修飾する「すごく」は much とか far になります。very は使えません。
> 殺人のところは、L.A. と a lot of other cities（ともに主語です）を比べているので、that of ... は不要であることに気づくことが大切です。
> 最後の文は not so much A as B です。

UNIT
19 接続詞（1）that

英語が長くなる原因の１つに「節」があります。複雑な内容を伝えるときにこの「節」を使いこなせるかは大きなポイント。

節とは「文の中の文」であることをまずは確認しておきます。１つの文の中にはＳやＶやＣなどいろいろありますが、このＳやＣの中に、Ｓ（S′+V′...）のように、またSVの組み合わせがある場合があります。これを節と言います。その節を導く接続詞の１つにthatがあります。

RULE 069 接続詞 that は後ろに完全な文をくっつけて、「〜であること」という名詞を作る。これが名詞節

日本語で文を名詞にするには、「〜なこと」をつければ何でも名詞になります。「私は日本人です」⇒「私が日本人であること」、「彼がそんなことを言った」⇒「彼がそんなことを言ったということ」、と何でもござれです。

この「〜なこと」に当たるのが、英語ではthat。文の前にthatを置くだけで、名詞に早がわり！ です。できあがった名詞は、名詞としての用法（主語になる・目的語になる・補語になる）を引き受けます。が、前置詞の後ろにだけは来られません。

例文 071
That he is a magician is known to everyone.
（彼がマジシャンだということはみんなに知られている）

主語はThat he is a magician（彼がマジシャンであるということ）です。「〜なこと」は単数形なので、それを受ける動詞がisとなります。

実はこのとき、主語をitに置き換えて、

例文 072
It is known to everyone that he is a magician.
（彼がマジシャンだということはみんなに知られている）

ともできて、これが形式主語のitと呼ばれます。

つまり、形式主語とは、that 節が主語のときに、代わりに使われる主語ということになります。

今度は、よく似ているけれど、少し違う強調構文の例文です。

例文 073

It is next year that we are going skiing in the Swiss Alps.
（スイスのアルプスに私たちがスキーに行くのは来年です）

これはもともと next year we are going skiing in the Swiss Alps. という 1 つの英文だったのですが、「それは来年だよ。今年じゃないよ」と next year を強調したいときに、それを It is 〜 that で挟みます。これが強調構文です（第 1 章の UNIT 05「場所の倒置・強調構文」も参照）。

RULE 070 it is 〜 that で挟んで強調！

逆に言えば、例文 072 では、It is 〜 that を外した残りの部分 known to everyone he is a magician. は並べ替えても、元の文にはなりません。これが形式主語と強調構文の差です。

例文 074

I find it incredible that he got full marks.
（私は彼が満点を取ったことが信じられない）

これは it が形式目的語として使われた場合で、本当の目的語は that 〜（後ろは完全な文）です。I find it incredible. でひとまず全体を見せているわけです。

例文 075

I was surprised at the fact that he won the prize.
（私は彼が賞を取ったという事実に驚いた）

この that は the fact that でおなじみの「同格（〜という）」です。これも接続詞には違いないので、やはり後ろは完全な 1 文が続きます。後で出てくる関係代名詞の that とはこの点が全く異なります。

RULE 071 接続詞⇒後ろには完全な文が続く

接続詞は that のみならず、すべて後ろに、もうこれ以上名詞を置かなくても成立している完全な文が続きます。

10 minutes practice 使いこなし10分練習

詳しい手順は8～10ページを確認してください。

STEP 1 しゃべりたい！ 言い換えで使いこなそう(単語・句・節)

音声を聞き、cueに従って、どんどん新しい英文を作り出してください。

例文 071 MP3 106

That he is a magician is known to everyone.

a) It is
b) reported
c) that an alligator got out of the zoo

例文 073 MP3 107

It is next year that we are going skiing in the Swiss Alps.

a) in two weeks
b) that the patient is going to have an operation
c) on his stomach

例文 074 MP3 108

I find it incredible that he got full marks.

a) strange
b) he never locks the door when he leaves home
c) a matter of course

例文 075 MP3 109

I was surprised at the fact that he won the prize.

a) the universe is expanding

b) I believe

c) the theory

STEP 1 解答と訳

例文071 MP3 106

a) It is known to everyone that he is a magician.（彼がマジシャンだということはみんなに知られている）

b) It is reported that he is a magician.（彼がマジシャンだと報じられている）

c) It is reported that an alligator got out of the zoo.（ワニが動物園から逃げ出したと報じられている）

例文073 MP3 107

a) It is in two weeks that we are going skiing in the Swiss Alps.（私たちがスイスアルプスにスキーに行くのは2週間後だ）

b) It is in two weeks that the patient is going to have an operation.（その患者が手術を受けるのは2週間後だ）

c) It is on his stomach that the patient is going to have an operation.（その患者が手術を受けることになっているのは腹部だ）

例文074 MP3 108

a) I find it strange that he got full marks.（私は彼が満点をとったのを不思議に思う）

b) I find it strange that he never locks the door when he leaves home.（私は彼が家を出るとき絶対に鍵をかけないのを不思議に思う）

c) I find it a matter of course that he never locks the door when he leaves home.（私は、彼が家を出るとき、絶対に鍵をかけないのを当然だと思う）

例文075 MP3 109

a) I was surprised at the fact that the universe is expanding.（私は宇宙が膨張しているという事実に驚いた）

b) I believe the fact that the universe is expanding.（私は宇宙が膨張しているという事実を信じている）

c) I believe the theory that the universe is expanding.（私は宇宙が膨張しているという理論を信じている）

STEP 2 もっとしゃべりたい！ 会話のやりとりで使いこなそう

シーン1 MP3 110

オリンピックの意義とは？

Your friend : I can't believe he missed the gold medal. He is one of the best athletes that ever lived.

You : でも、オリンピックで大切なことは、彼が参加したという事実だよ。

シーン2 MP3 111

科学者とは不思議なもので…。

Your friend : I know that Jim is a renowned scientist. But his behavior is a bit weird.

You : 私も、彼が家を出るとき決して鍵をしないのは不思議だと思っているんだ。

STEP 3 ここまで使いこなしたい！ まとまった内容を表現してみよう

日本の選挙について外国の友人に質問されたあなたは、個人的な意見を添えて、そのメールを返信することにします。

> 「今度の選挙で自民党が過半数をとると言われています。でも私たちのような若い人はお年寄りが国を治めることを当然だとは思っていません。若い人こそ政治に首を突っ込むべきですよね」

ヒント：選挙＝the election ／ 自民党＝the Liberal Democratic Party of Japan ／ 過半数をとる＝win the majority ／ 治める＝govern ／ 当然だ＝a matter of course ／ 政治＝politics ／ ～に首を突っ込む＝get involved in ～

STEP 2 解答例と訳

シーン1 MP3 110

友人　：彼が金メダルをとれなかったなんて信じられないなぁ。これまで、彼のようなアスリートはいなかったよ。

あなた：But what's important in the Olympic Games is the fact that he participated in the games.

> 「参加する」は participate。「～に参加する」は participate in ～です。
> オリンピックは games と複数形にします。
> 「～という事実」なので同格の that です。

シーン2 MP3 111

友人　：そりゃ、ジムは有名な科学者だろうけど、行動は不思議だね。

あなた：Yeah, I find it strange that he never locks the door when he leaves home.

> 形式目的語 it を置いて、find it strange で VOC を完成させてから、that ～でした。

STEP 3 解答例と訳

MP3 112

It is reported that the Liberal Democratic Party will win the majority in the next election. But young people like us don't find it a matter of course that older generations govern the country. It is the younger generations that should get more involved in politics.

> 形式主語／形式目的語／強調構文が出てきましたが、しっかり意識するようにしましょう。
> 若い「人」を people ではなくて generations としてみました。もちろん people でもいいですが、世代の対立を意識してみるとこちらがよいでしょう。
> 最後の more は現状との対比をしています。

UNIT
20 接続詞(2)副詞節 ～接続詞のいろいろ～

接続詞 that を使うときに気をつけることは、後ろに完全な文が来て、全体として1つの名詞になる、ということでした。この that 以外のもっと多くの接続詞は「副詞節」を作ります。副詞「節」とは、文（つまり「節」）が1つの副詞句（soon「すぐに」、at the same time「同時に」、など）と同じ働きをしているときの名前です。

[S1 + V1] + {[conj] + [S2 + V2]}

この、{　　} でくくった部分を副詞節と言って、それを導くのが conj.（つまり conjunction：接続詞）です。

ここまでをまとめましょう。

RULE 072　副詞節⇒接続詞がある

RULE 073　副詞節を含む文⇒主語と動詞が2つある

例文 076

When the final exam is over, we will have a party.

（期末テストが終わったら、私たちはパーティーをします）

いわずもがなの when。ただし、意味に注意。「～するとき」だけでは少し足りません。「～したらそのときには」という感じもあわせて知っておきましょう。この例文では「終わるとき」だと意味がおかしくなります。

例文 077

The chef sings as he cooks in the kitchen.

（そのシェフはキッチンで料理するときには［料理しながら］歌う）

as には意味が 4 つあります。①〜するとき、②〜なので、③〜するにつれて、④〜なように。④の意味にも注意しましょう。

例文 078

Do as you are told.
(言われたようにやりなさい)

「〜なように」を表す as です。この意味で口語表現では like を使って、Like I said, this discovery is very impotant.（私が言ったようにこの発見はとても重要です）という言い方がありますが、これは文法問題としては誤りです。つまり、like（〜なように）は、必ず前置詞（後ろに名詞が来るもの）として使われるので、文をつなげるときには As I said とします。

そして次に来るのが because ですが、これは後半に来るほうが多いです。前半の場合には as や since が同じ意味で来ることが多いです。

例文 079

He was late because he was caught in a shower.
(彼が遅刻したのは、夕立につかまったからだ)

さて、この他にもいろいろありますが、接続詞に関する重要なルールを最後に紹介します。

RULE 074 時・条件を表す副詞節では未来時制の代わりに、現在時制を用いる

例文 080

As soon as I take a shower, I will leave home for the meeting.
(シャワーを浴びたらすぐ、家を出て会議に向かいます)

まだ浴びていないので、本来なら、I will take a shower と未来形ですが、時を表す副詞節ですから、I take a shower と現在形になります。

10 minutes practice

使いこなし10分練習

詳しい手順は 8 ～ 10 ページを確認してください。

STEP 1 しゃべりたい！ 言い換えで使いこなそう（単語・句・節）

音声を聞き、cue に従って、どんどん新しい英文を作り出してください。

例文 076 MP3 113

When the final exam is over, we will have a party.

a) we win the championship
b) the chairman arrives
c) we finish our assignment

例文 077 MP3 114

The chef sings as he cooks in the kitchen.

a) as he enters the kitchen
b) as he sautees spinach
c) as he is told by his supervisor

例文 079 MP3 115

He was late because he was caught in a shower.

a) because he overslept
b) because he didn't know it was today
c) because his car wouldn't start

例文 080 MP3 116

As soon as I take a shower, I will leave home for the meeting.

a) As soon as I change into a suit

b) As soon as I check my email
c) As soon as I get my presentation ready

STEP 1 解答と訳

例文076 MP3 113

a) When we win the championship, we will have a party.（優勝したら、パーティーをします）
b) When the chairman arrives, we will have a party.（会長が到着したら、パーティーをします）
c) When we finish our assignment, we will have a party.（課題が終わったら、パーティーをします）

例文077 MP3 114

a) The chef sings as he enters the kitchen.（シェフは厨房に入るとき歌う）
b) The chef sings as he sautees spinach.（シェフはほうれん草をソテーしながら歌う）
c) The chef sings as he is told by his supervisor.（シェフは上司に言われたように歌う）

例文079 MP3 115

a) He was late because he overslept.（彼は寝坊して遅れた）
b) He was late because he didn't know it was today.（彼は今日だと知らなくて遅れた）
c) He was late because his car wouldn't start.（彼は車がどうしても動かなくて遅れた）

例文080 MP3 116

a) As soon as I change into a suit, I will leave home for the meeting.（スーツに着替え次第、家を出て、ミーティングに行きます）
b) As soon as I check my email, I will leave home for the meeting.（メールをチェックしたらすぐに、家を出てミーティングに行きます）
c) As soon as I get my presentation ready, I will leave home for the meeting.（自分のプレゼンを準備したらすぐに、家を出てミーティングに行きます）

STEP 2 もっとしゃべりたい！ 会話のやりとりで使いこなそう

シーン1 MP3 117

マイクが来ていないなんて珍しい。勉強会に遅れることなんてあり得ないのに、日程を変更したのがよくなかったようです。

A member of the study group：
Has anyone seen Mike?

You ：I talked to him on the phone. 彼は今日だと知らなかったから遅刻するそうだよ。

シーン2 MP3 118

今日はみんなで海にキャンプですが、スティーブンが来ていません。

Your friend：Why don't we go now?

You ：スティーブンが来たら、出かけよう。

Your friend：Oh, I totally forgot about him.

STEP 3 ここまで使いこなしたい！ まとまった内容を表現してみよう

アメリカはオレゴン州に留学中のあなたは、フロリダにいる友人と、留学生活について語ります。

> 「私は、ポートランド（オレゴン州の州都）から遠くに住んでいるので、日本人にはめったに会いません。冬になると一面銀世界らしいので、楽しみです。でも、毎日雪を見ていると、雪に飽きるかもしれませんね。明日は先生に言われたとおりにレポートを仕上げなければならないのでこのへんで」

ヒント：ポートランド＝Portland ／ ～から遠くに＝far away from ～ ／ めったに～ない＝seldom ／ ～になると＝when ～ ／ 銀世界＝there is a lot of snow all around you ／ 楽しみ＝look forward to ／ ～に飽きる＝get tired of ／ ～とおりに＝as ～ ／ レポート＝paper ／ 仕上げる＝finish ／ このへんで＝I have to say good bye now

STEP 2 解答例と訳

シーン1 MP3 117

勉強会の一員：誰かマイク知らない？

あなた　　　：あっ、電話したよ。He is going to be late because he didn't know it was today.

> - study group には自然発生的なグループ学習と、クラスで指定される場合もあります。
> - 遅れる理由を付け加える感じですから、because は後ろに持ってきます。

シーン2 MP3 118

友人　：もう行こうよ。

あなた：We will go when Steven comes.

友人　：あっ、完璧に忘れてた。

> - when にすると、スティーブンは来ることには違いないが、ただいつになるかわからない、という意味です。これを if Steven comes にすると、来るか来ないかもわからないことになります。この差にも注意しましょう。

STEP 3 解答例と訳

MP3 119

Since I live far away from Portland, I seldom see Japanese people. I hear when winter comes, there will be a lot of snow around you, so I am looking forward to this winter. But I may get tired of snow if I see it every day! I have to say goodbye now because I have to finish the paper as I was told by the teacher. I'll talk to you soon!

> - 「～なので」の理由を表す接続詞を駆使できたでしょうか。
> - 「冬が来るのはこれからだけど」、と時を表す（when）ので、comes と現在形にします。
> - 「もしそれを毎日見ると」も条件（if）なので see と現在形です。
> - 「～なよう」の接続詞は as です。

UNIT
21 間接疑問文

句を節にして、つまり、複雑な文にして、文と文をつなぐ、という本章の趣旨に最も合致しているのが、間接疑問文です。

ひとまずは、普通の疑問文でもいいわけですが、これに、わざわざもう１つ文をくっつけて、複雑にします。「複雑にする」というのは、「言いたいことをしっかり表す」ことへの王道です。「言いたいこと」は、たいてい複雑ですから。これができるともっと客観的な表現が可能になる、ということです。

それでは、文をくっつけるときの根本的なルールから始めましょう。

RULE 075 文にくっつける文はとにかくSVの語順

「とにかく」としたのは、①「はい」か「いいえ」で答えられるYes-Noの疑問文がくっつく場合と、② Wh-（疑問詞）で始まる疑問文がくっつく場合があって、それぞれ、という意味です。

①の場合だとif / whetherをつけて、②の場合だとWh-（疑問詞）で始めて、後ろをSVにする、という手順です。

ですから、Will he win the game?（彼は試合に勝つの？）と、勝つかどうかわからないときには、

例文081
I don't know if he will win the game.
（私は彼が試合に勝つかどうかわからない）

とします。

RULE 074（時・条件を表す副詞節では未来時制の代わりに、現在時制を用いる）によると、ifは条件を表す副詞節なので、その中にwillを入れることはありえませんが、今回は「～かどうかということ」という名詞節なので、そのルールは適用されません。

①②両方の場合とも名詞節であることにも注意しましょう。間接疑問文というのは、名詞節を加えるタイプの英文になるわけです。

例文 082
Can you tell me what time you will arrive?
（君が何時に着くのか教えてくれる？）

とあわせて知っておきたいパターンは、

例文 083
What time do you think Sam will arrive?
（サムは何時に着くと思う？）

です。

例文 082 では、「教えてくれる？」への返答は「いいよ」、「だめ」のどちらかだから、Can you 〜？として Yes-No の質問にしています。もちろん、上がり調子で言います。

例文 083 では「何時だと思う？」に対して「5 時だと思う」のように具体的な答えを言うことになります。だから英語も What から始まることになります。この場合、下がり調子のイントネーションになります。do you think のように、Yes / No で答えられるタイプの間接疑問の特徴です。

RULE 076 what you should do ⇒ what to do

最後に、この不定詞を使った構造もチェックしておきましょう。

do what ⇒ what to do になるのは、**RULE 042（疑問詞＋ to do のフレーズはいつも名詞句になるから、名詞の用法に従って①主語、②補語、③目的語として使う）**で既出です。これが名詞節⇔名詞句の転換の一例です。

例文084

Could you tell me when to start reading this book?

(この本をいつ読み始めたらいいのか教えてください)

とは、受験生が参考書を手にしてよく聞く質問。

解答例としては、“When to start the book is not a problem; what matters is how to read it and what to read it for.”(いつ読むかは問題ではないよ。問題なのはどうやって読むかと何のために読むのかです)のようになるかもしれません。名詞句のオンパレードになっていることにも着目しましょう。

Point
間接疑問文を
マスターできれば
表現力も
一段と広がる

10 minutes practice

使いこなし10分練習

›詳しい手順は8～10ページを確認してください。

STEP 1 しゃべりたい！言い換えで使いこなそう（単語・句・節）

1. 次の英文を名詞節に変えて、Do you know ～？に続けてください。

MP3 120

a）Where should I buy lottery tickets?

b）How can you find the new office?

c）Can I get married by the time I become 30?

d）Whose permission should I get to hold a concert here?

2. 次の英文を名詞節に変えて、do you think ～？を使って完成させてください。

MP3 121

a）When can I speak English well?

b）What have you done?

c）How long will you be in jail if you get involved in that crime?

d）Who will become this year's Olympic champion for the men's 100-meter dash?

3. 次の英文を wh- to do の名詞句の形に変えて、Can you tell me ～？に続けてください。

MP3 122

a）Which way should I go?

b）Should I go to France to study art?

c）Where should I get the travel brochure of Hawaii?

d）What should I do with this tool?

STEP 1 解答と訳

1. MP3 120

a) Do you know where I should buy lottery tickets?（どこでくじを買うべきか知っていますか）

b) Do you know how you can find the new office?（新しいオフィスはどうやって見つければいいか知っていますか）

c) Do you know if I can get married by the time I become 30?（私が 30 歳になるまでに結婚できるかわかりますか）

d) Do you know whose permission I should get to hold a concert here?（ここでコンサートを開くには誰の許可をとるべきかわかりますか）

2. MP3 121

a) When do you think I can speak English well?（いつになったら私は英語が上手に話せると思いますか）

b) What do you think you have done?（あなたは自分が何をしたと思っているのですか）

c) How long do you think you will be in jail if you get involved in that crime?（その罪を犯したらどれくらい刑務所に入ると思いますか）

d) Who do you think will become this year's Olympic champion for the men's 100-meter dash?（今年のオリンピックの男子 100 メートル走のチャンピオンは誰になると思いますか）

3. MP3 122

a) Can you tell me which way to go?（どっちのほうに行くのか教えてください）

b) Can you tell me whether to go to France to study art?（美術を勉強するのにフランスに行くべきかどうか教えてください）

c) Can you tell me where to get the travel brochure of Hawaii?（ハワイの旅行パンフはどこで手に入るか教えてください）

d) Can you tell me what to do with this tool?（この道具でどうすればいいのか教えてください）

STEP 2 もっとしゃべりたい！ 会話のやりとりで使いこなそう

シーン1 MP3 123

当たる！ と有名な占いを試してみます。

Fotune teller : What do you want to know?

You : 私が30歳のとき何をしているのかわかりますか。

シーン2 MP3 124

留学中なのに、さらに旅行をしようという友人がうらやましく思えてきました。

Your friend : I'm going to Hawaii this summer! What are your plans for the summer?

You : Maybe I should take a rest. ハワイの旅行パンフを君はどこで手に入れたのか教えて。

STEP 3 ここまで使いこなしたい！ まとまった内容を表現してみよう

来月ニューヨークで開催される学会に出席することになったのですが、詳しいことはわかりません。事務局にメールで問い合わせることにします。

「私は次の学会に出席する予定です。もし以下のことについて教えてくださるとありがたいのですが。
1）ニューヨークのどこで開催されるか、
2）会場への行き方、
3）服装は、
4）招待状を持っていかなければならないかどうか」

ヒント：学会＝conference ／ 開催される＝be held ／ 会場＝the conference center ／ 招待状＝invitation ／ ～について教えて＝let me know about

STEP 2 解答例と訳

シーン1 MP3 123

占い師：何が知りたいのかな。

あなた：Do you know what I will be doing when I am 30?

> 「～していることになる」は未来進行形で表します。30歳になってから何かをやるのであれば、普通の未来形（will）ですが、「30歳を中心にして前後、何をやっていることになるのか」、だから未来進行形になるのでした。
> 「30歳になったとき」は時を表す副詞節なので、現在形です。

シーン2 MP3 124

友人　：今年の夏はハワイなんだ。君の夏の予定は何？

あなた：僕も休まないとね。Can you tell me where you got the travel brochure of Hawaii?

> 「どこで手に入れたか」、なので過去形にすることを忘れずに。
> これは過去形なので不定詞を使って where to get ～とは言えません。これだとこれから手に入れる意味を含んでしまいます。不定詞の「未来・義務」の意味です。
> 旅行用「パンフ」は brochure と表現することが多いです（第2章、63ページの「使いこなし10分練習」参照）。

STEP 3 解答例と訳

MP3 125

I am participating in the upcoming conference. I would appreciate it if you could let me know about

1) where in New York the conference will be held,

2) how I can get there,

3) if there is a dress code or not, and

4) if I have to bring the invitation with me.

> すべて間接疑問文です。wh- を使うか、if / whether を使うかの違い、そして、SVO の語順であることに再度注意しましょう。

Coffee Break

先生、どうやって勉強したのですか？（4）

3. とにかくエディ・マーフィとロバート・デ・ニーロのようにしゃべりたい。

映画『ビバリーヒルズ・コップ』のエディ・マーフィや、『ミッドナイト・ラン』のロバート・デ・ニーロのように（2人とも全く違うけれど）、しゃべりたいと思っていました。（彼らの映画の中の言葉は教育的には不適切なものも多いけれど、それを知りつつ）ビデオを借りて何度も繰り返して練習したものです。今ではDVDで、もっと効率よくできます。

つづく→204ページ

173 rules for successful communication in English

CHAPTER_5

前の文を受けて、新しい文を作る

UNIT
22 代名詞

本章では、前の文を受ける方法を紹介していきます。その最初に来るのは代名詞、となります。これについては、当たり前だけど重要なルールがあります。

RULE 077 **第1文が代名詞で始まることはない**

文法を説明するための例文ではHe is a doctor. のように、いきなりheで始まってしまいますが、厳密に言えば、こんな英語はありません。誰のことかわかっていないといけないからです。

つまり、名詞（たとえばTomとか）があって初めて代名詞がありうる、ということになります。だから人の自己紹介をするときには、

例文085
This is Bill. He is a friend of mine.
（こちらはビルです。私の友人です）

となり、He is Bill. はあり得ないということです。Bill あっての he なのです。

RULE 078 **前の文とのつながりのことをcohesion（結束性）と言い、これがないと、文のつながりがなく、上手だと言えないばかりか、意味不明になることさえある**

今度はモノを指してみます。

例文086
I have two classes today: One is linguistics, and the other is American literature.
（今日は授業が2つあります。1つは言語学で、もう1つはアメリカ文学です）

ここで one という代名詞が使えるのは、two classes が前にあるからで、そのつながり（cohesion）があります。その次の the other も、これら 2 つの条件が整って初めて可能となるので、これもつながりがよい、と言えます。

ただ、日本語では「1 つ－もう 1 つ」の組み合わせになるので、次のルールも必要です。

RULE 079 代名詞 one は数えられる名詞（a + N）だけを指す

たとえば、water は "a water" と言えないので、one では受けられません。two waters と言えないので当然です。

RULE 080 「2 つ」のうちの 1 つ⇒ one
「2 つ」のうちのもう 1 つ⇒ the other

2 つしかなければ 1 つ取ると、残りは 1 つになってしまう。1 つだけのものを表すのは the なので、残りの 1 つは the other とする、という理屈です。

例文 087

I have divided the story into three parts: One is the introduction, another is the body, and the last part is the conclusion.

（私は話を 3 つの部分に分けました。1 つは導入、もう 1 つは主文、そして最後が結論）

今度は「3 つ」で考えます。その中の「1 つ」は one で OK（しかも part は数えられるので one で表せます）。でも、残りはまだ 2 つあるので、the other は使えなくて、an をつけた another を使います。さらに、最後は 1 つしか残っていないので the other（この場合は the last part と、別の言い方にしています）を使います。

例文 088

There are ten international students in my class. One is Australian; another is French; the others are all Chinese.
（僕のクラスには外国の学生が 10 人います。1 人はオーストラリア人、もう 1 人はフランス人で、その他は全員中国人です）

今度は 10 人。2 人を選んだ後で、残りの 8 人全員を表現するには、これで最後だから the をつけて、「別の（other)」を複数形にします。the others で、「その他、全員」ということになります。

また、書くという意味ではこの例文のセミコロンの用法に注目しておきましょう。関連のある文を並べるときに用いたり、接続詞の代わりに使ったりする記号です。

RULE 081 セミコロン（;）は接続詞の代わりに使える

これまでは数えられる名詞を表してきました（one はその代表でした）が、おまけとして数えられない名詞の one に当たる some を挙げておきましょう。

例文 089

Some of the water from the mountain runs into the sea.
（山からの水の一部は海に注ぎ込みます）

some は後ろに the water（単数）があるので、やはり単数。したがって、動詞も runs と単数で受けていることに注意しましょう。

10 minutes practice 使いこなし10分練習

＞詳しい手順は8～10ページを確認してください。

STEP 1 しゃべりたい！ 言い換えで使いこなそう(単語・句・節)

音声を聞き、cue に従って、どんどん新しい英文を作り出してください。

例文085

MP3 126

This is Bill. He is a friend of mine.

a) my pet, Spot
b) something I appreciate because he makes me relaxed
c) my favorite CD / it

例文086

MP3 127

I have two classes today: One is Linguistics, and the other is American literature.

a) homework assignments
b) tests
c) in the morning / in the afternoon

例文088

MP3 128

There are ten international students in my class. One is Australian; another is French; the others are all Chinese.

a) ten international dishes on the menu for the reception
b) eight participants in the speech contest
c) five native instructors in my school

STEP 1 解答と訳

例文085 MP3 126

a) This is my pet, Spot. He is a friend of mine.（私のペット、スポットです。私の友人です）

b) This is my pet, spot. He is something I appreciate because he makes me relaxed.（私のペット、スポットです。リラックスできるのでとても感謝しています）

c) This is my favorite CD. It is something I appreciate because it makes me relaxed.（これは私の好きなCDです。リラックスできるのでとても感謝しています）

例文086 MP3 127

a) I have two homework assignments today: One is Linguistics, and the other is American literature.
（今日は課題が2つあります。1つは言語学、もう1つはアメリカ文学です）

b) I have two tests today: One is Linguistics, and the other is American literature.（今日はテストが2つあります。1つは言語学、もう1つはアメリカ文学です）

c) I have two tests today: One is in the morning, and the other is in the afternoon.（今日はテストが2つあります。1つは午前中で、もう1つは午後です）

例文088 MP3 128

a) There are ten international dishes on the menu for the reception. One is Australian; another is French; the others are all Chinese.（レセプションでは10の世界の料理がある。1つはオーストラリア、もう1つはフレンチ、残りは中華だ）

b) There are eight participants in the speech contest. One is Australian; another is French; the others are all Chinese.（スピーチコンテストには8人の参加者がいる。1人はオーストラリア人、もう1人はフランス人、その他は全員中国人だ）

c) There are five native instructors in my school. One is Australian; another is French; the others are all Chinese.（私の学校には5人のネイティブの講師がいる。1人はオーストラリア人、もう1人はフランス人、その他は全員中国人だ）

STEP 2 もっとしゃべりたい！ 会話のやりとりで使いこなそう

シーン1 MP3 129

朝からステイ先のキッチンでサンドイッチを忙しく作っているあなたは、実は今日は午前と午後にわたってテストがあるのです。

Host mother : You usually don't bring your lunch, do you?

You : No, but I'm going to be too busy to drop in at a cafeteria. 今日はテストが2つあって、1つは午前中に、もう1つは午後にあるんだ。So I'd better bring my lunch today.

シーン2 MP3 130

英語のスピーチコンテストに参加するという学生をあなたが指導しています。

Student : So what do we start with?

You : To begin with, 私はスピーチを3つの視点から考えようと思います。1つは内容、もう1つは話し方、最後が流暢さです。

ヒント：視点＝ viewpoint ／ 流暢さ＝ fluency

STEP 3 ここまで使いこなしたい！ まとまった内容を表現してみよう

高校で英語を外国人と日本人の先生から学んでいるあなたは、その教育方法を香港の友人に紹介することにしました。

「私の学校には 10 名のネイティブの英語講師がいます。3 人はオーストラリア、2 人がイギリス、その他は全員アメリカ出身です。テキストは 3 冊あって、1 冊は文法、1 冊は読解、そして 1 冊はコミュニケーションです。ネイティブの講師によるクラスのほとんどはお互いに英語で話すことに費やされます」

ヒント：ネイティブの英語講師＝ native English instructors ／ ～出身＝ (be) from ～ ／文法＝ grammar ／ 読解＝ reading ／ コミュニケーション＝ oral communication ／ ネイティブの講師によるクラス＝ the native instructor's class ／ ～に費やす＝ spend (time) on ～ ／ お互いに話す＝ talk to each other

STEP 2 解答例と訳

シーン1 MP3 129

ホストマザー：あなたは普段はお弁当を持っていかないわよね。

あなた　　　：うん、でも今日は忙しくて学食に寄れそうもないんだ。I have two tests today: One is in the morning, and the other is in the afternoon. だから今日はお弁当にしようと思って。

> 2つあるから one – the other のペアになります。

シーン2 MP3 130

学生　：で、どこから始めますか。

あなた：まず最初に、I would like to think of the speech from three viewpoints: One is the content, another is delivery, and the other is fluency.

> ›「まず最初に」の to begin with, は決まり文句。
> ›「3つの観点」はこの他に、three perspectives も OK です。
> › delivery とは、構成とか声とかそういうものすべてを含んでどれくらい説得力がありそうに聞こえるかという観点です。

STEP 3 解答例と訳

MP3 131

There are ten native English instructors in my school. Three of them are from Australia; two are British; and the others are all from the U.S. There are three textbooks: One is grammar, another is reading, and the other is oral communication. Most of the native instructor's classes are spent on talking to each other.

> ›数が2でなければ one – another – the other になることを確かめましょう。
> ›最後の文は most of の後ろが classes（複数）なので、動詞が are（複数）であることも確認してください。

UNIT
23 関係詞(1)制限用法 ～whichとwhereを中心に～

関係代名詞とは、つまるところ、接続詞＋代名詞です。ともに、前の文（節）を受ける重要な働きをします。この文のつながりを意識して関係詞の全貌を把握しましょう。

例文090

The book which I bought yesterday is of great use.

（昨日私が買った本はとても役に立つ）

まず、which というのは、it のことなので、it I bought だと理解します。この it を which にすると、文がつながるわけです。

今度は、関係副詞にまで拡大してみましょう。

RULE 082 (and) then = when ／ (and) there = where がそれぞれ同じこと

例文091

This is the station where my friend and I usually meet.

（これが私と友人が普段待ち合わせる駅です）

2 番目の文に there があれば、その代わりに where にすると、2 番目の文がつながっていくという仕組みです。

「そこで」という意味の there の代わりに「そしてそこで」という意味の where を使ったら、2 つの文がくっついた、というわけです。

RULE 083 「場所」を表すから where というわけではない

よくある基本的な間違いは、station は「場所」だから where というもの。the station = it のはずですから、which が基本です。at the station = there → where となるのです。

例文 092

The station, which was built fifty years ago, is going to be renovated.

（その駅は、50 年前に建てられたのですが、このたび改装されます）

という英文は、場所だから where にする、というのでは成り立ちません。

RULE 084 「関係代名詞の省略」とは、SVO ⇒ OSV の法則のこと

最後は省略について。which や whom など、目的格はほとんど省略されます。ということは、SVO の文型に関しては、これを OSV にすれば、1 つの長い名詞になると理解しておいた方が実践的でしょう。

I study the language. ⇒ the language (which) I study

となります。

さらには、本当は SVO ではないけど、事実上 SVO にしてもいいものも、このルールを当てはめます。**RULE 011（動詞を、第 1・第 3 か、第 2 か、という分類で考える）**が重要なポイントになります。live in を 1 つの動詞とみなして、

I live in the city. ⇒ the city (which) I live in.

と考えておくとよいでしょう。in the city → there → where となり、the city (where) I live とすると、in が where に含まれているので消滅することも理解されたと思います。

10 minutes practice

使いこなし10分練習

＞詳しい手順は8～10ページを確認してください。

STEP 1 しゃべりたい！ 言い換えで使いこなそう（単語・句・節）

音声を聞き、cue に従って、どんどん新しい英文を作り出してください。

例文 090

MP3 132

The book which I bought yesterday is of great use.

a) Mr. Brown recommended
b) is available at Barnes and Noble
c) The DVD
d) is selling well

例文 091

MP3 133

This is the station where my friend and I usually meet.

a) area
b) live
c) apartment building
d) which was built 50 years ago

例文 092

MP3 134

The station, which was built fifty years ago, is going to be renovated.

a) completed
b) shopping mall
c) add a park in front of it
d) , where I usually hang out with my friends,

STEP 1 解答と訳

例文 090 MP3 132

a) The book which Mr. Brown recommended is of great use.（ブラウン先生が勧めてくれた本は役に立つ）

b) The book which Mr. Brown recommended is available at Barnes and Noble.（ブラウン先生が勧めてくれた本はバーンズ・アンド・ノーブルで手に入る）

c) The DVD which Mr. Brown recommended is available at Barnes and Noble.（ブラウン先生が勧めてくれた DVD はバーンズ・アンド・ノーブルで手に入る）

d) The DVD which Mr. Brown recommended is selling well.（ブラウン先生が勧めてくれた DVD はよく売れている）

例文 091 MP3 133

a) This is the area where my friend and I usually meet.（これが私と友人がいつも会う地域です）

b) This is the area where my friend and I live.（これが私と友人が住んでいる地域です）

c) This is the apartment building where my friend and I live.（これが私と友人が住んでいるマンションのビルです）

d) This is the apartment building which was built 50 years ago.（これが 50 年前に建てられたマンションのビルです）

例文 092 MP3 134

a) The station, which was completed fifty years ago, is going to be renovated.（その駅は、50 年前に完成したのですが、このたび改築されます）

b) The shopping mall, which was completed fifty years ago, is going to be renovated.（そのショッピングモールは、50 年前に完成したのですが、このたび改築されます）

c) The shopping mall, which was completed fifty years ago, is going to add a park in front of it.（そのショッピングモールは、50 年前に完成したのですが、このたび、正面に公園ができます）

d) The shopping mall, where I usually hang out with my friends, is going to add a park in front of it.（そのショッピングモールは、私がよく友人と遊ぶ場所なのですが、このたび、正面に公園ができます）

STEP 2 もっとしゃべりたい！ 会話のやりとりで使いこなそう

シーン1 MP3 135

参考文献もドンドン読みましょう。

Your friend : Hey, where did Dr. Brown say we could get a copy of the book he recommended?

You : ブラウン先生が言ってた本ならバーンズ・アンド・ノーブルで手に入るよ。

シーン2 MP3 136

日本も安全とは言えなくなってきました。

Your friend : Did you hear the news that Susan got robbed in her neighborhood?

You : うん。彼女の住んでいる地域も、もはや安全ではなくなってきたのかな。

STEP 3 ここまで使いこなしたい！ まとまった内容を表現してみよう

英語を習いたての人が書いた短い英語の羅列ですが、関係詞の用法を知っているあなたにかかれば、すぐに格調高い英語に変身します。関係詞を用いて次の英文を書き直してください。

> I want to go to a university. It is in the suburbs. At university. I want to major in a subject, and it is an important field for me. I want to work for an IT-related corporation. Now, I am studying hard for the exam, and it is going to be held in February.

ヒント： どんなときに関係詞を使うかを再度確認しましょう。（接続詞）＋（代名詞）で関係代名詞になるのでした。代名詞の部分をチェックして、それが前の文とどのような関係になっているかを見抜きましょう。

STEP 2 解答例と訳

シーン1 MP3 135

友人　：ねえ、ブラウン先生が推薦してた本はどこで手に入るって言ってた？

あなた：The book he talked about is available at Barnes and Noble.

> › この本屋さんの名前を聞いたことがある人もいらっしゃるでしょう。
> › もちろん recommended でも OK です。talk を使う場合は talk about まで必要です。

シーン2 MP3 136

友人　：スーザンが近所で泥棒にあったって話聞いた？

あなた：Yeah, I wonder if the neighborhood she lives in is not safe any more.

> › この場合は which が省略されています。she lives in まで残っているから。もし she lives までしかなければ、where は省略です。
> › not ～ any more は「もはや～ない」ですね。
> › 「地域」と言うとき、neighborhood という単語も出るといいでしょう。

STEP 3 解答例と訳

MP3 137

I want to go to a university which is in the suburbs. At university, I want to major in a subject which is an important field for someone like me who wants to work for an IT-related corporation. Now I am studying hard for the exam which is going to be held in February.

> › どこに関係代名詞が使われているかチェックしましょう。できあがったほうの英文の意味を次に確認しておきます。「私は郊外にある大学に行きたい。大学では、私のような IT 関連企業に就職したい人にとって重要な分野である科目を専攻したい。今、私は2月に実施される入試のために一生懸命勉強している」
> › who の後ろに wants と s がついているのは、先行詞が me ではなくて、someone だからです。
> › 最後は、the exam, which is ... とコンマがあるのもよいでしょう。次の UNIT で確認してみてください。

UNIT 24 関係詞(2)継続用法

制限用法と継続用法（非制限用法とも言いますが、本書では後で説明する事情で継続用法に統一します）は見た目には、コンマがあるかないか、だけです。けれど、これは文法事項。だから、書き取りをしているときにも、聞いているときに、2つの用法を見極めながら「書き取り」できるまで習熟したいものです。

RULE 085
制限用法は後ろから前に ←「制限する」
継続用法は前から後ろに「継続」→

The CDs which used to be available only in the U.S. can now be found all over the world.（アメリカでしか手に入らなかったCDが今では世界中にある）

これが制限用法です。後ろから前に（←の方向）制限しています。

CD と言っても、「アメリカでしか手に入らなかった→ CD」だよ、ということです。つまり、「アメリカ以外でも手に入る→ CD」もある、という前提です。だから、「制限」して、どんな CD かを明確にしています。

例文 093

The CDs, which used to be available only in the U.S., can now be found all over the world.
（その CD はかつてはアメリカでしか手に入らなかったのに、今では世界中で見つかる）

そして、こちらが継続用法。ポイントはコンマがあるだけで、意味のつながりが前から後ろに（～の方向に）継続していることです。つまり、

・制限用法…どんな CD かわからないから後ろから制限する。
・継続用法…どんな CD かはわかっていて、その追加情報を加える。

という違いです。

この場合は、The CDs と言っただけで「あっ、その CD ね」とわかってくれる状況があるのですね。すでに話題にのぼっている、つまり前に文があるわけです。

また、制限する必要のない、次の場合は必ず継続用法です。

例文 094

Tokyo, which is the capital of Japan, attracts tourists from all over the world.
（東京は日本の首都ということもあって、世界中からの観光客を魅了している）

ここで、「日本の首都である→東京」と制限してしまうと、「日本の首都でない→東京」もあることになってしまいます（逆に言うと、いろんな「トーキョー」がある状況では、the Tokyo which ... と制限用法です）。

RULE 086

日本語の「日本の首都である東京」は、制限・継続どちらもありうるから、発話の状況で判断する

次に、継続用法にしたときの日本語がいろいろある、ということも意識しましょう。

RULE 087

継続用法の日本語訳：
1）～なのに、2）～ということもあって、
3）～だから、4）～ですが

こういった日本語でつなぐことができます。「接続詞＋代名詞」という、関係詞の役割の面目躍如というわけです。

例文 095

My final term is just over, which gives me enough time to travel around the world.
（僕の最後の学期も終わったから、世界旅行をする十分な時間があるんだ）

これは意味としては RULE 087 の 3）の「～だから」を表しています。そしてこの例文で注意したいことは、この which が受けているのは「名詞」ではなくて、「前の文全体」だということです。つまり、「私の最終学期が終わったこと」という意味です。それは私に十分な時間を与える、と続いています。

継続用法にはこのように前の文全体を受ける用法もあります。これはwhichのみ。that / who ... などにはありません。この例文は、次のような会話としても成り立ちます。

A：My final term is just over!（最後の学期が終わったよ！）
B：Which gives you enough time to travel around the world, doesn't it?（そしたら、世界旅行ができるね！）

RULE 088 継続用法で、直前の会話を受けることができる

詳しくはUNIT 41でもう一度学びましょう。

Point
→の向きを
確認して
制限用法、
継続用法の
どちらか
見極めよう

10 minutes practice

使いこなし10分練習

›詳しい手順は8〜10ページを確認してください。

STEP 1 しゃべりたい！ 言い換えで使いこなそう（単語・句・節）

音声を聞き、cueに従って、どんどん新しい英文を作り出してください。

例文093 MP3 138

The CDs, which used to be available only in the U.S., can now be found all over the world.

a) The medical treatment

b) which used to be available only in developed countries

c) is now being asked for all over the world

例文094 MP3 139

Tokyo, which is the capital of Japan, attracts tourists from all over the world.

a) also the financial capital

b) businesses

c) which also serves as

例文095 MP3 140

The final term is over, which gives me enough time to travel around.

a) I have just handed in the paper,

b) , which makes me feel relieved

c) I thought I was late, but it turned out to be a dream

STEP 1 解答と訳

例文093 MP3 138

a) The medical treatment, which used to be available only in the U.S., can now be found all over the world.（治療法はかつては米国だけ実施可能だったが、今では世界中にある）

b) The medical treatment, which used to be available only in developed countries, can now be found all over the world.（その治療法はかつては先進国だけで実施可能だったが、今では世界中にある）

c) The medical treatment, which used to be available only in developed countries, is now being asked for all over the world.（その治療法はかつては先進国だけで実施可能だったが、今では世界中で求められている）

例文094 MP3 139

a) Tokyo, which is also the financial capital of Japan, attracts tourists from all over the world.（東京はまた日本の金融センターでもあるので、世界から観光客をひきつける）

b) Tokyo, which is also the financial capital of Japan, attracts businesses from all over the world.（東京はまた日本の金融センターでもあるので、世界から企業をひきつける）

c) Tokyo, which also serves as the financial capital of Japan, attracts businesses from all over the world.（東京はまた日本の金融センターとしての役割を果たしているので、世界から企業をひきつける）

例文095 MP3 140

a) I have just handed in the paper, which gives me enough time to travel around.（ちょうどレポートを提出したところなので、世界旅行するための十分な時間がある）

b) I have just handed in the paper, which makes me feel relieved.（ちょうどレポートを提出したところなので安心した）

c) I thought I was late, but it turned out to be a dream, which makes me feel relieved.（遅刻したかと思ったが、実は夢だった。だから安心した）

STEP 2 もっとしゃべりたい！ 会話のやりとりで使いこなそう

シーン1 MP3 141

旅行話はいつも楽しいものです。

Your friend : How was your vacation? Did you do anything special?

You : うん、モロッコに行ったよ。サハラ砂漠が楽しめる、あの国。

シーン2 MP3 142

マンガ喫茶ってすごい！

Your friend : You can enjoy comic books, DVDs, juice, and you can also get some sleep!

You : だからここによく来るんです。

STEP 3 ここまで使いこなしたい！ まとまった内容を表現してみよう

ホストファミリーとして、アメリカ人高校生マイクを受け入れるあなた。来日する前に、家族の写真をメールで送りました。電話でその写真について説明します。

> 「私はわかりますよね。私の右側にいるのが、弟のよしおで、高校生です。私の左にいるのが母のマリ子で、料理がとても上手だから楽しみにしていてね。母の左が父の正雄で、郵便局に勤めています」

ヒント：わかる＝see ／ 私（がどこにいるか）＝ where I am ／ 右側＝ on ～'s right ／ 楽しみにする→気に入るでしょう＝ like ／ 郵便局＝ post office ／ ～に勤める＝ work for ～

STEP 2 解答例と訳

シーン1 MP3 141

友人　：休暇はどうだった？ 何か特別なことした？
あなた：Yeah, I went to Morocco, where I enjoyed the Sahara.

> 「モロッコ」と地名を言ってから、「そこではね、」と内容を追加説明します。..., where です。関係副詞にも継続用法はあります。

シーン2 MP3 142

友人　：マンガも DVD もジュースもあるし、寝ることもできるよ。
あなた：Which is why I come here often.

> That's why ～「だから～」という英語をご存じでしょう。この that は前の内容を受けますが、同じ働きが which にあります。つまり、相手の言ったことを受けて、Which is why ～とつなげられるのです。

STEP 3 解答例と訳

MP3 143

Can you recognize me? I'm sure you can. On my right is my brother, Yoshio, who goes to high school. On my left is my mother, Mariko, who cooks so well that you will like it very much. On her left is my father, Masao, who works for the post office.

> どんなときに関係詞の継続用法を使うのか、わかってきましたか。
> 今回は倒置をしています（**RULE 019:【場所を表す前置詞】＋【存在を表す V】＋ S で、倒置ができる**）。なぜ、倒置にするかというと、後ろに ..., who ～を追加していくときに、直前に先行詞が来るし、後ろのことを気にしなくてもいいから、追加しやすいのです。これが、My mother Mariko, who cooks so well that you will like it, is on my left. だと、最後の is on my left が「浮き」ますね。そんなときに倒置をして、フォーカスを変えます。

UNIT

25 関係詞(3) 前置詞＋関係詞／複合関係詞と格

関係詞も3回目になります。3回に分けて勉強するほど関係詞は「使い勝手がいい」わけです。今回は前置詞との組み合わせを使います。

さっそく、どうしてin whichとかunder whichとかになるのか、からルールを見ていきます。

RULE 089 **関係詞の選択⇒元に戻して完全に**

RULE 090 **関係詞の選択⇒後ろの文で判断（heが足りないならwho、himが足りないならwhomとする）**

関係詞を使うということは、英文が2つあるということになりますが、問題は最初の文ではなくて、つねに2番目の文。これがどんな構造をしているか、だけで関係詞をどれにするが決まります。

第1文がI also like the subject.（私もその教科が好き）で、第2文は、subjectはモノだからwhichとは断定できません。第2文で何を言うつもりかによって、関係詞は異なります。

Its test is not difficult.（そのテストは難しくない）
→ <u>whose</u> test is not difficult.
You recommended it.（君がそれを推薦してくれた）
→ <u>which</u> you recommended.
You are interested in it.（君はそれに興味がある）
→ <u>in which</u> you are interested.

のように、関係詞が決定されます。この2番目の文が完全になるように関係詞を選択するのです。

今回は2番目の文が in it を含んでいる場合の練習、ということです。もちろんこれは **RULE 084（「関係代名詞の省略」とは、SVO ⇒ OSV の法則のこと）** の SVO ⇒ OSV のルールを適用して関係詞を省略してもかまいません。でも、今回は使いこなしてみましょう。

例文 096

I also like the subject in which you are interested.

（私もあなたの興味のある教科が好きです）

元に戻すと、interested in (which = the subject). となるから、**RULE 089（関係詞の選択⇒元に戻して完全に）** を満たします。

例文 097

I met a lot of college students at the conference, many of whom could speak English.

（私は会議で多くの大学生に会ったが、彼らの多くは英語を話すことができた）

もちろん、and many of them のこと。and（接続詞）them だから＝ whom。**RULE 090（関係詞の選択⇒後ろの文で判断〔he が足りないなら who、him が足りないなら whom とする〕）** を思い出しましょう。

例文 098

This is the system under which we operate our daily routine.

（これが私たちが日常の業務を遂行しているシステムです）

the system でどうして under which かというと、次に続く文が we operate our daily routine under the system. となっているからです。

このように、前置詞＋関係詞というのは、前の文があって、それを受けて、次の文を作る過程で現れます。前の文を受けることがコミュニケーションの大きな目標なら、この構造は大いに使いこなすべきでしょう。

例文099

You may feel tired of memorizing words, in which case you should turn to some other activities like listening to music.

（単語の暗記には飽きるかもしれないが、そのときは音楽を聴くなど別のことをするとよい）

最後にちょっと別の関係詞を2つ。これはどう見ても、and in that caseのこと。このthatも実は関係詞で受けることができて、いつもwhichです。「その⇒場合」と形容詞のように使われるので関係形容詞と呼ばれることもありますが、数が少ないので、これを1つの熟語として知っておくほうがいいでしょう。

また、

例文100

Give out the prize to whoever comes first.

（最初に来た人に賞品をあげてください）

この複合関係詞で注意するのは、toがあるからといって、whomeverにはならないことです。**RULE 090**でもあったように、前の部分は関係詞の選択に関係ないからです。comes firstに抜けているのはhe / sheで、先行詞がないから、whoeverとします。

10 minutes practice 使いこなし10分練習

❯詳しい手順は8～10ページを確認してください。

STEP 1 しゃべりたい！ 言い換えで使いこなそう（単語・句・節）

音声を聞き、cueに従って、どんどん新しい英文を作り出してください。

例文096 MP3 144

I also like the subject in which you are interested.

a）about which you read a paper

b）I would like to study further the new technology

例文097 MP3 145

I met a lot of college students at the conference, many of whom could speak English.

a）talked with those scientists

b）none of whom ever visited Japan

例文098 MP3 146

This is the system under which we operate our daily routine.

a）This is the way in

b）This is the regulation, according to

例文099 MP3 147

You may feel tired of memorizing words, in which case you should turn to some other activities like listening to music.

a）There may be some difficult questions

b）in which case it does not matter if you know the answers or not

STEP 1 解答と訳

例文096 MP3 144

a) I also like the subject about which you read a paper.（私も君が論文で読んだ科目が好きです）

b) I would like to study further the new technology about which you read a paper.（私は君が論文で読んだ新技術をさらに研究したい）

例文097 MP3 145

a) I talked with those scientists at the conference, many of whom could speak English.（私は会議でその科学者たちと話したが、多くは英語が話せた）

b) I talked with those scientists at the conference, none of whom ever visited Japan.（私は会議でその科学者たちと話したが、誰も日本に来たことがなかった）

例文098 MP3 146

a) This is the way in which we operate our daily routine.（これが日常の業務が遂行されている方法です）

b) This is the regulation, according to which we operate our daily routine.（これが規則でこれに基づき日常の業務が遂行されています）

例文099 MP3 147

a) There may be some difficult questions, in which case you should turn to some other activities like listening to music.（難しい問題があるかもしれないけれど、その場合は音楽を聴くなど別のことをやったほうがよい）

b) There may be some difficult questions, in which case it does not matter if you know the answers or not.（難しい問題があるかもしれないけれど、そんなときは君が答えを知っているかどうかが問題なのではない）

STEP 2 もっとしゃべりたい！ 会話のやりとりで使いこなそう

シーン1 MP3 148

相手のことをよく知っているあなたは、最後まで聞かなくてもわかるんです。

Your co-worker : I participated in the annual conference and heard a lot of ideas on teaching, ...

You : でも、どのアイデアも賛成しないんでしょ。

シーン2 MP3 149

面接の指導をしている最中のあなたです。

Student : Do you think I will be asked a lot of difficult questions?

You : 難しい質問がたくさんあるかもしれないけれど、その場合には答えを知っているかどうかが重要なのではないから。What matters is how you cope with them.

STEP 3 ここまで使いこなしたい！ まとまった内容を表現してみよう

あなたの会社が新しい警備システムを開発しました。その概要を英訳しましょう。

> 「これが当社が開発した警備システムで、これがあれば日々の業務にも安心して取り組めます。現在まで 100 社に採用されましたが、全員から高い満足度を得ています」

ヒント：開発する＝ develop ／ 警備＝ security ／ 日々の＝ daily ／ 業務＝ operations ／ 安心して＝ safety ／ 取り組む＝ manage ／ 現在まで＝ so far ／ 採用する＝ adopt ／ 満足している＝ satisfied

STEP 2 解答例と訳

シーン1 MP3 148

同僚　：年次総会に出て、いろいろなアイデアを聞いてきたよ。
あなた：None of which you agree with, do you?

- 相手が言ったのに続けて、and none of them ...（= None of which）というわけです。
- 付加疑問文を使ってみました。none を使っているので、do you? となります。

シーン2 MP3 149

学生　：いろいろ難しい質問をされるのでしょうか。
あなた：There may be quite a few difficult questions, in which case it doesn't matter whether you know the answers to them or not.
大事なのはそれにどうやって対処するかということだから。

- 「たくさん」は quite a few を使いました。few を使っていますが、「多い」です。
- 「そのときには」を in which case として文をつないでいます。

STEP 3 解答例と訳

MP3 150

This is the new security system we have developed, under which your daily operations will be safely managed. This system has been adopted by 100 clients, all of whom are happy with it.

- 「これがあれば」のところで関係詞が使えます。つなぎ方は使う人が自由に考えることができます。
- 「満足する」はヒントのように satisfied を使ってもいいですが、楽に言うときには happy が普通です。
- 「100 社」は companies としても OK。ここでは「お客様」という点から client としました。
- 関係詞の先行詞はできるだけ直前に置きます。最後の文では受動態にして両者を引き合わせました。

UNIT

26 話法の転換

前の文を受けて、新しい文で発展させたり、つなげていったりする目的のために、とても大切なのが「話法の転換」です。厳密に言えばそんなおおげさなものではなくて、単純に「言い換え」です。

ただ、相手の言ったことをそのまま繰り返すのではなく（そういうことはあまり日常的に経験するものではありません）、相手の言ったことを自分のなかでまとめたうえで、言い換えて、伝える、というプロセスが、このUNITで言う「話法の転換」となります。引用符（"..."）ではない表現方法の練習です。

RULE 091
「〜したらどうかな？」「やってみなさい」
⇒ advise me to do ... ／ I'm advised to ...

例文101
The professor advised me to apply for admission to graduate school.
（教授は私に大学院の入学を申請してはどうかと言ってくれた）

これは、先生が「キミ、…の勉強を続けたいのであれば、大学院に行くのがいいんじゃないかな」とsaid（言った）わけです。それを受けて、他人に伝えるには、adviseという語があります。日本語では「言ってくれた」ですが、saidではありません。

RULE 092
「〜してほしいと言う」
⇒ ask me to do ... ／ I'm asked to ...

例文102

I was asked to come to work this coming Sunday, although I'd told my supervisor that I couldn't work on Sunday.

（上司には日曜日には働けませんと言っておいたのに、今度の日曜日に仕事に来てほしいと言われた）

後半部分は、tellを使っています。saidだとsaid to my supervisor that ... となるところです。この上司は「日曜日には働けないのはわかっているのだが、そこをなんとかお願いできないですか？」という気持ちで言ったのだと思います。その「お願い」がaskに現れます。

RULE 093 「～しましょう！と言う」
⇒ suggest that ... ＋仮定法現在

例文103

At the study group session, Katie suggested that we change the topic of our presentation. "Why did the Neanderthals die out?" was too complicated.

（勉強会のときに、ケイティはプレゼンのトピックを変えようと言った。「なぜネアンデルタール人は絶滅したか」は複雑すぎたからだ）

ここではKatieは "Let's change ...!" とか、"We should change ..." のようなことを述べたと思います。suggest that ... とするわけですが、このときには、動詞は仮定法現在（つまり、原形）になることにも注意しましょう。主語がheであれば、he changedでもhe changesでもなく、he changeになります。

RULE 094 仮定法現在を時制の一致の例外と考える

と、基本的には、時制を一致させる方向でいけばよい、と踏ん切りがつきます。

時制の一致というのは、He said, "I will leave this country tomorrow." をHe said that ... と転換するときに必要な知識です。念のため転換しておきます。

He said that he（←代名詞の変更）would（←時制の一致）leave that（←指示代名詞の変更）country the following day（←時を表す語句の変更）.
（彼は、自分は翌日その国を発つと言った）

このように、文を文のまま、said that ... につなげるのは、少し機械的になります。もっと意味にフォーカスした言い換え練習（**RULE 091 〜 093** など）が役に立つでしょう。

RULE 095 話法の転換で機械的に考えること：「代名詞の変更」「時制の一致」「時を表す語句の変更」

最後に、文を節で言い換える方法を１つ紹介します。

RULE 096 「〜かどうか」は see と並べて、see if ...

例文104

George often goes to the professor's office to see if he can get any ideas on his thesis.
（ジョージは、論文について何かアイデアがないかなと思って、教授の部屋によく行っている）

「よく先生と会ってるね」「そうなんだ。何か論文のアイデアが見つかるかなと思って」という会話があったのでしょう。それを第三者に伝えると、この例文のようになります。

10 minutes practice

使いこなし10分練習

詳しい手順は8～10ページを確認してください。

STEP 1 しゃべりたい！言い換えで使いこなそう（単語・句・節）

音声を聞き、cue に従って、どんどん新しい英文を作り出してください。

例文101

MP3 151

The professor advised me to apply for admission to graduate school.

a）encouraged
b）wanted
c）told

例文103

MP3 152

At the study group session, Katie suggested that we change the topic of our presentation.

a）first introduce
b）one of us
c）demanded

例文104

MP3 153

George often goes to the professor's office to see if he can get any ideas on his thesis.

a）the Student Union
b）information
c）part-time jobs

STEP 1 解答と訳

例文101 MP3 151

a) The professor encouraged me to apply for admission to graduate school.（教授は私に大学院に出願するよう励ましてくれた）

b) The professor wanted me to apply for admission to graduate school.（教授は私に大学院に出願してほしかった）

c) The professor told me to apply for admission to graduate school.（教授は私に大学院に出願しなさいと言った）

例文103 MP3 152

a) At the study group session, Katie suggested that we first introduce the topic of our presentation.（勉強会で、ケイティは私たちは、まずプレゼンのトピックを導入しましょう、と言った）

b) At the study group session, Katie suggested that one of us first introduce the topic of our presentation.（勉強会で、ケイティは私たちの1人が、まずプレゼンのトピックを導入しましょう、と言った）

c) At the study group session, Katie demanded that one of us first introduce the topic of our presentation.（勉強会で、ケイティは私たちの1人が、まずプレゼンのトピックを導入しないと、と言った）

例文104 MP3 153

a) George often goes to the Student Union to see if he can get any ideas on his thesis.（ジョージは自分の論文の手がかりがあるかなと思い、よく学生会館に行く）

b) George often goes to the Student Union to see if he can get any information on his thesis.（ジョージは自分の論文の情報があるかなと思い、よく学生会館に行く）

c) George often goes to the Student Union to see if he can get any information on part-time jobs.（ジョージはバイトの情報があるかなと思い、よく学生会館に行く）

STEP 2 もっとしゃべりたい！ 会話のやりとりで使いこなそう

シーン1 MP3 154

進学するべきか、就職するべきかで悩んでいるようです。

Your friend : Everyone has started their job-hunting process. I mean, except you.

You : 親は就職しなさいって言うんだけど、私は大学院に出願しようかと…。

シーン2 MP3 155

なぜ、グレッグは、わざわざキャンパスの外のコーヒーショップに行くのでしょうか。

Your friend : Greg once met a girl who said she worked at that coffee shop, and he just fell in love with her.

You : Now I understand. その子がいるかどうかと思って、よくそこにいくわけだ。

STEP 3 ここまで使いこなしたい！ まとまった内容を表現してみよう

Megan の発言を第三者に伝えましょう。

MP3 156

You　: I know Economics 301 is a required course, but I need to work. Otherwise I cannot keep studying here.
Megan : I think that you should talk to Professor Rogers. She is a nice person.
You　: But what if she recommends taking ECON301? How can I get money to pay the tuition?
Megan : Then you can always turn to your parents for help. They may have saved for a rainy day like this. You should ask.

ヒント：ECON301 ＝経済学のコースコード。301 の 3 は学年を表す。／ required ＝必須の ／ turn to ... for help ＝…に助けを求める ／ for a rainy day ＝万一のために

STEP 2 解答例と訳

シーン1　MP3 154

友人　：みんな就活を始めたようだけど、あなたはどうするの？
あなた：My parents told me to get a job, but I am thinking about applying to a grad school.

› 大学院は grad(uate) school。
› 親は「～しなさいと言う」ので、tell を使いました。

シーン2　MP3 155

友人　：グレッグは一度あのコーヒーショップで働いているとか言う女の子に会って、もう好きになったんだ。
あなた：それでね。He often goes there to see if he can see her again.

「それでね」は That explains.（それで説明になる）などとも言えます。

STEP 3 解答例と訳

MP3 157

Megan advised me to talk to the professor about the course. She also suggested that I ask my parents if they could help me financially. She is sure that they can.

（ミーガンは私に、先生とコースについて話してみては、と言ってくれた。彼女はまた、私が両親にお金の面で助けてくれないか聞いてみることを提案してくれた。彼女はきっと彼らがそうしてくれると思っている）

- advise / suggest などが使えるとよいでしょう。
- suggested that I (should) ask ... でもけっこうです。
- ask ... if ～で「～かどうか尋ねる」。
- suggest の後ろには、asking などの動名詞でも大丈夫です。

Coffee Break

先生、どうやって勉強したのですか？(5)

4. 外国のことを知りたくて短波ラジオを聞いた。

TIME に触発されて、もっと外国のことを知りたいと思い、ソニーの短波ラジオを自分のお小遣いから買いました。これでアメリカの VOA とかイギリスの BBC などをアンテナをぐるぐる回して電波を調整しながら（それでもジージーと音は悪い）聞きました。もう 30 年ほども前のことです。

つづく → 227 ページ

CHAPTER_6

「比喩や条件・仮定・回想」で深い話をする

UNIT
27 ifの用法・未来形

「旅行に行きたいな」と、「3日くらいで帰国できるのなら、旅行に行きたいな」では、当然後者のほうが深く話をしています。しっかり条件をつけているからです。このUNITでは、できるだけ深く話をするクセをつけましょう。

条件といえば、まずはifの用法です。とっかかりとしては、

RULE 074 時・条件を表す副詞節では未来時制の代わりに、現在時制を用いる

このルールを思い出しましょう。ifは仮定法という分類で覚えるのではなく、この普通の「条件」の用法を知るのが一番大切です。

RULE 097 科学的に決まっている「ならば」⇒ if節の中が現在形、主節も現在形

例文105
What time is it in London if it is 6:00 p.m. in Tokyo?
(東京が午後6時だったら、ロンドンは何時ですか？)

if節の中が現在形、主節も現在形であることに注意しましょう。どちらも現在形で表します。この例文のように「もしかしたら」を最初につけて、意味が通じないときには、どちらも現在形になります。

「東京が午後6時だったら、『もしかしたら』今日ロンドンは、何時ですか？」だと、今日は朝の9時だけど、明日は朝8時30分だと思うよ、となってしまいます。理科の授業なども同じです。「(過酸化水素水に二酸化炭素を入れると) 何色になりますか」はWhat color do you get? で、*What color will you get?* と未来形にはしません。今日は白いけど、明日は緑になるかもね、ということではないからです。

RULE 098 **不確定なこと⇒未来形。**
このとき RULE 074 より、if の中は現在形

例文106

What will you do if it rains tomorrow?

(明日雨が降ったら、あなたは何をしますか)

今度は if 節の中が現在形、主節が未来形になっていることに注目です。これが **RULE 074（時・条件を表す副詞節では未来時制の代わりに、現在時制を用いる）** に当たります。この例文の状況は､先ほどの理科の授業とは全く違います。どうなるかわからないからです。そんなときに will を使います。「明日は勉強するよ！」と言って、しない人がどれほど多いかを思い起こせば十分でしょう。

RULE 099 **if の中が現在形になるのは、「副詞節」のとき。**
「～かどうか」は名詞なので「名詞節」、
つまり、未来ならば if の中に will が現れる

例文107

Can you really tell if it will rain tomorrow?

(明日雨が降るかどうか本当にわかるの？)

こちらの例文は if 節で､しかも「明日が雨」という先ほどと全く同じ内容なのに､will が使われています｡これは if 節が tell(わかる)の目的語になっているからです｡目的語になれるのは名詞だけですから、この if 節は「名詞節」となります（第 4 章の UNIT 21「間接疑問文」も参照）。

RULE 074 は「副詞節」の話でしたから、今回は該当しません。これは when の場合にも同じことが言えます。

例文108

He knew when his boss would be back in the office.

(彼はボスがいつオフィスに戻ってくるか知っていた)

knowの目的語だから名詞節、つまりwhenの中にはwillが入る、というわけです。この場合はknewと主節が過去形だから、後ろに続く名詞節もwill ⇒ wouldになっています。

10 minutes practice

使いこなし10分練習

詳しい手順は8～10ページを確認してください。

STEP 1 しゃべりたい！言い換えで使いこなそう（単語・句・節）

音声を聞き、cueに従って、どんどん新しい英文を作り出してください。

例文105

MP3 158

What time is it in London if it is 6:00 p.m. in Tokyo?

a) Is it already dark
b) Do people usually have dinner
c) Are most shops closed

例文106

MP3 159

What will you do if it rains tomorrow?

a) you are allowed to do anything you want
b) you have a choice on where to live
c) someone calls you up when you are taking a bath

例文107

MP3 160

Can you really tell if it will rain tomorrow?

a) How could I know
b) You can never tell
c) I wonder

例文108

MP3 161

He knew when his boss would be back in the office.

a) Nobody knew

b) I wanted to know
c) It was weird that the secretary didn't know

STEP 1 解答と訳

例文105 MP3 158

a) Is it already dark if it is 6:00 p.m. in Tokyo?（東京で午後６時だったら、もう暗いですか）
b) Do people usually have dinner if it is 6:00 p.m. in Tokyo?（東京で午後６時だったら、普通は夕食の時間ですか）
c) Are most shops closed if it is 6:00 p.m. in Tokyo?（東京で午後６時だったら、たいていのお店は閉まっていますか）

例文106 MP3 159

a) What will you do if you are allowed to do anything you want?（もしあなたがやりたいことが何でもやれるとしたら、何をしますか）
b) What will you do if you have a choice on where to live?（もしどこに住むのか選択できるとしたら、どうしますか）
c) What will you do if someone calls you up when you are talking a bath?（もし入浴中に誰かから電話があったら、どうしますか）

例文107 MP3 160

a) How could I know if it will rain tomorrow?（どうして私が明日雨が降るのかどうか、わかるというの？）
b) You can never tell if it will rain tomorrow.（明日雨が降るのかどうかわかりっこない）
c) I wonder if it will rain tomorrow.（明日雨が降るのかしら）

例文108 MP3 161

a) Nobody knew when his boss would be back in the office.（彼のボスがいつオフィスに戻ってくるか誰も知らなかった）
b) I wanted to know when his boss would be back in the office.（私は彼のボスがいつオフィスに戻ってくるか知りたかった）
c) It was weird that the secretary didn't know when his boss would be back in the office.（秘書が彼のボスがいつオフィスに戻ってくるか知らなかったなんて妙だ）

STEP 2 もっとしゃべりたい！ 会話のやりとりで使いこなそう

シーン1 MP3 162

トロントで休暇を過ごしているあなたは、夜９時でもまだ明るいのに驚きます。

Friend in Toronto : Why do you look surprised?

You : もし東京が夜9時だったら、もう真っ暗だよ。

Friend in Toronto : I wish that were the case here.

シーン2 MP3 163

美術館の前まで来たあなたは、うるさい子どもたちに注意をします。

Kid : Now let's go inside!

You : 黙っているのであれば中に入っていいよ。

Kids : (silent)

STEP 3 ここまで使いこなしたい！ まとまった内容を表現してみよう

春休みが近づいてきたので、あなたの予定（予定は未定！）を次のメモを見て話してみましょう。

２月：コンサート（テイラー・スウィフト来日か？）
３月：ホノルルの友人と会う。飛行機予約済み。
４月：アラビア語の勉強を始める（大学に合格したら！）

ヒント： テイラー・スウィフト＝ Taylor Swift ／ ホノルル＝ Honolulu ／ アラビア語＝ Arabic

STEP 2 解答例と訳

シーン1 MP3 162

トロントの友人：どうしてそんな驚いてるの？
あなた　　　　：If it is 9:00 p.m. in Tokyo, it is already dark.
トロントの友人：そっちのほうがいいね。

> 緯度が高いとなかなか暗くならないです。
> ウソを仮定しているわけでもなく、事実を述べているだけなので if の内、外ともに現在形です。
> That's the case. は「それが事実である」。「〜ならいいなあ」という意味です。

シーン2 MP3 163

子ども　　：さってと、中に入るんでしょ。
あなた　　：You can come inside if you keep quiet.
子どもたち：（しーん）

> これも条件を表します。現在形です。これを過去形にして仮定法にすると、「子どもたちは、うるさいのだけど、もし静かなら」という意味になります。「中に入れるのに…」と結ぶため、この場合、中には入れません。

STEP 3 解答例と訳

MP3 164

In the upcoming spring vacation, I have lots of things to do. I will see a concert of Taylor Swift in February, if she comes to Japan. In March, I am going to meet up with my friend in Honolulu. And I will start to learn Arabic, if I am admitted to university.

> upcoming で「今からやってくる」の意味。
> 副詞節なので、if she comes と現在形で表します。
> will と比べて be going to にすると、もっと確実な予定が表せます。
> 大学の合格は be admitted to で表します。だから admissions が「入試」になります。
> たくさんあるときには、まず「たくさんある」と述べて、内容を表すとリズムがよいです。

UNIT
28 仮定法過去・未来・過去完了で間接的に意見を述べる

仮定法過去は、文法項目の中でも有名なので、理解はしやすいのではないでしょうか。むしろ、**RULE 098（不確定なこと→未来形。このとき RULE 074 より、if の中は現在形）**のほうが忘れやすいです。

これに対して、

RULE 100 仮定法とは「確定法」のことである

例文 109

If I were you, I wouldn't hesitate to study abroad.

（私だったら、進んで留学します）

仮定法過去は、実は「仮定」ではなくて、「確定」していることを言います。ですから、これを使って、「自分の意見」を述べることができます。「私だったら、進んで留学します」はズバリ、意見を述べる文になります。

また、それを受ける節は助動詞の過去を使います。would / could / might の中から、それぞれ元の意味（～だろう／～できるのに／～かもしれない）に一番近いものを選択してください。

次の例文も意見・意思を述べています。

例文 110

If the sun should rise in the west I would not leave this country.

（たとえ太陽が西から昇っても、私はこの国を出て行かない）

すごく強い意思を感じます。これが仮定法の中で「未来」と呼ばれるものですが、要するに「ありえないこと」を表す should / were to ということです。

これは例文 109 の「あなたが私だったら」のように「ウソに確定！」ということではないですが、「ほとんどウソ！」という内容です。少し不確定の要素があるので、「未来」ですが、**RULE 098（不確定なこと→未来形。このときRULE 074より、ifの中は現在形）**ほどではありません。

後半の帰結節の部分は基本的には同じで、助動詞の過去となりますが、気持ちの持ちよう（つまり、ないわけではないけど、という気持ちが強ければ、それだけ「確定」度が低くなって、それだけ「未定」になる）によっては、助動詞の現在形(willとか)になります。それはそれでOKなんです。そのへんの「あいまいさ」に耐えられるようになることも英語上達の秘訣と言えるでしょう。

そう考えると、「明日雨が降ったら…」も、一筋縄ではいかない日本語です。東京であれば、If it rains tomorrow, でいいですが、砂漠（しかも乾季）の場合は、同じ「明日雨が降ったら」でも、If it should rain tomorrow, となるでしょう。

RULE 101 仮定法未来か（直説法）未来形かは、気持ちの問題程度の差

だとさえ言えます。

次は、過去のことを振り返って意見を述べるために、仮定法過去完了を確認しましょう。

RULE 102 仮定法過去完了は、ifの中が過去完了。意味は過去を表す

例文 111

If I had practiced more, I could have won the contest last month.
（もしもっと練習しておいたら、先月のコンテストに勝てたのに）

ifの中は過去完了形、ifの外はcould have doneとなって、last month（先月）のことを振り返ることができます。

例文112

I wouldn't have applied for this job in the first place if I had known that I was supposed to take so much responsibility.

（大変な責任を負うことになるってわかっていたら、そもそもこの仕事に応募しなかっただろう）

ifの中、外、ともに過去の話であることがわかります。I was supposed to take ... は過去の話なので、当然 was です。これは仮定法は無関係です。I had known が仮定法となります。

10 minutes practice

使いこなし10分練習

詳しい手順は8～10ページを確認してください。

STEP 1 しゃべりたい！ 言い換えで使いこなそう(単語・句・節)

音声を聞き、cue に従って、どんどん新しい英文を作り出してください。

例文109

MP3 165

If I were you, I wouldn't hesitate to study abroad.

a) I would start studying in the U.S. as soon as I graduate
b) If I had enough support from my parents
c) If there were anyone I could ask for financial support
d) I would quit the company and start my own business

例文110

MP3 166

If the sun should rise in the west, I would not leave this country.

a) I would not leave you
b) If you were to be arrested for no reason
c) what would you do
d) If you were to own a professional baseball team

例文112

MP3 167

I wouldn't have applied for this job in the first place if I had known that I was supposed to take so much responsibility.

a) started working here
b) if someone had told me that
c) the job was boring
d) would have quit the job sooner

STEP 1 解答と訳

例文109 MP3 165

a) If I were you, I would start studying in the U.S. as soon as I graduate.（もし私なら、卒業してすぐにアメリカで勉強を始めるだろう）

b) If I had enough support from my parents, I would start studying in the U.S. as soon as I graduate.（もし両親から十分な援助が得られれば、卒業してすぐにアメリカで勉強を始めるのだが）

c) If there were anyone I could ask for financial support, I would start studying in the U.S. as soon as I graduate.（もし経済的援助を求められる人がいたら、卒業してすぐにアメリカで勉強を始めるのに）

d) If there were anyone I could ask for financial support, I would quit the company and start my own business.（もし経済的援助を求められる人がいたら、私は会社を辞めて自分のビジネスを始めるのに）

例文110 MP3 166

a) If the sun should rise in the west, I would not leave you.（太陽が西から昇っても、僕は君から離れないよ）

b) If you were to be arrested for no reason, I would not leave you.（君が不当に逮捕されても、僕は君から離れないよ）

c) If you were to be arrested for no reason, what would you do?（君がもし不当に逮捕されたら、どうしますか？）

d) If you were to own a professional baseball team, what would you do?（もしあなたがプロ野球チームを持つことになったら、どうしますか？）

例文112 MP3 167

a) I wouldn't have started working here in the first place if I had known that I was supposed to take so much responsibility.（もし、大変な責任を負うことになるとわかっていたなら、そもそもここで働き始めなかったのに）

b) I wouldn't have started working here in the first place if someone had told me that I was supposed to take so much responsibility.（もし、大変な責任を負うことになると誰かが言ってくれてたなら、そもそもここで働き始めなかったのに）

c) I wouldn't have started working here in the first place if someone had told me that the job was boring.（もし、その仕事は退屈だと誰かが言っ

てくれてたなら、そもそもここで働き始めなかったのに）

d）I would have quit the job sooner if someone had told me that the job was boring.（もし、その仕事は退屈だと誰かが言ってくれてたなら、もっと早くその仕事を辞めたのに）

STEP 2 もっとしゃべりたい！ 会話のやりとりで使いこなそう

シーン1 MP3 168

人生いろいろ。途中で考え方も変わっていきます。

Your friend : I saw a great doctor the other day. He was so considerate that I not only felt at ease but respected him. I am all better now.

You : もし私が20歳若かったら、医者を目指して勉強するのになあ。

シーン2 MP3 169

人生いろいろ。修羅場もたくさんあるものです。男女の修羅場も…。

Girlfriend : Who is this woman? I checked your cell phone and I saw this woman's number and her pictures! What's going on?

You : She is my secretary. It's true. 仮に太陽が西から昇ってもウソはつかないよ！

STEP 3 ここまで使いこなしたい！ まとまった内容を表現してみよう

日本の大学に進学するか、アメリカの大学に進学するか悩んでいる友人に相談されました。次のように答えます。

> 「正直、もし自分がアメリカの大学が大変だと知っていたら、日本の大学に進学したと思う。でも、それだとやりがいが感じられないでしょう？もし状況が許すのであれば、アメリカに行ったらどうかな。親が許してくれたらアメリカに行くのに、と思っている学生もたくさんいるんだよ」

ヒント：大変だ＝ have a hard time ／ 進学する＝ get into university ／ やりがいがある＝ challenging ／ 許す＝ allow

STEP 2 解答例と訳

シーン1 MP3 168

友人　：すばらしい医者にかかってね。誠意があって、リラックスできたばかりか尊敬しちゃったよ。今では病気も良くなったし。

あなた：If I were 20 years younger, I would start studying to become a doctor.

> ›「20 歳若い」は 20 years younger と表します。
> ›意味するところは I am too old to start studying to become a doctor. ということです。

シーン2 MP3 169

彼女　：誰なのこの女！ 携帯調べたら、この人の番号と写真まで！ もー！ どういうこと！

あなた：彼女は秘書だよ。本当だよ。If the sun were to rise in the west, I wouldn't lie to you.

> ›この if は本当は「たとえ～だとしても」というニュアンスで、even if と同じ意味で使います。今回は if を「もし～なら」と考えると、ずっとウソをついていることになります。そこで、これは even が省略されている、と判断します。

STEP 3 解答例と訳

MP3 170

To tell the truth, if I had known that I would be having a hard time at university in America, I would have gotten into a Japanese university. But do you think it's challenging enough? I would suggest that you go to the U.S. if there is no problem. There are quite a few students who would go to America if their parents allowed them to.

> ›「アメリカ」は America でもよいですし、the U.S. / the States などいろいろあります。
> ›第 1 文が仮定法過去完了となっています。この人は少なくとも大学生以上の年齢です。
> › I would suggest で、「私なら、～を提案する」。この that 節は仮定法現在です。go というのは原形です。
> ›最後の allowed them to (go to America) という省略もできるとよいでしょう。

UNIT 29 「仮定法ミックス」と「ifの省略」

これまでの仮定法のまとめとして、今回はそのミックス型を使いこなします。ミックス型があるというのは、つまり、

> RULE 103
> **仮定法は節が２つで仮定法ではなく、**
> **１つ１つの節だけでバラ売りできる**

ということになります。最初のミックスは、

> RULE 104
> **If ＋（過去形）～，(would have done）で、**
> **「現在～ならば、過去～だったのに」**

です。

例文 113

If I were rich, I could have bought the car then and there in cash.
（もし私がお金持ちなら、その車をその場で即金で買えたのだが）

前半が仮定法過去（つまり I am not rich. ということ）、後半が仮定法過去完了（つまり I couldn't buy the car. ということ）とバラ売りされています。

If I had been rich, ではないのは、この人は、そのときも、今も I am not rich と思っているからです。だから、If I were rich, と言うべきです。

次はその逆です。

> RULE 105
> **If ＋（過去完了形）～，(would do）で、**
> **「過去～だったら、今ごろ～なのに」**

例文114

If I had had breakfast this morning, I wouldn't be hungry now.

（今朝、朝ご飯を食べていたら、今ごろお腹がすいていないのに）

今度はifの中が仮定法過去完了（つまり過去）、ifの外が仮定法過去（つまり現在）になっているタイプです。「過去～だったら、現在～なのに」です。

このように、仮定法はif節と帰結節とをセットにして使うだけではなく、バラして自由自在にくっつけられます。

次に、そもそもif節をなくすということも考えてみましょう。

RULE 106 if節の助動詞をifにかぶせても同じ意味になる（ifの省略）

例文115

Had I practiced more, I could have won the contest.

（もしもっと練習しておいたら、コンテストに勝てたのに）

助動詞の部分（この場合はhad）をifの場所に移動させて、ifを取ります。語数が減って、ぜい肉がとれた感じもします。進んで使うことは困難かもしれませんが、そのように言う人がいる以上、知っておくのもよいでしょう。

例文116

With a little more practice, you could have won the contest.

（もう少し練習しておけば、君もコンテストに勝てたのに）

今度は、さらにifもなく倒置もない、けれど、依然として仮定法、という文です。実はこの文、could have wonのところが帰結節になっています。

なんとかifの意味を探してみると、with a little more practiceに見つかります。普通の文なら、「もう少しの練習で」でOKですが、仮定法を使うことを意識すれば、「もう少し練習しておけば」という意味で考えるとよいでしょう。

この他にもたくさんあります。その意識を持って英文に触れて拾っていきましょう。

Point
if節と帰結節の
組み合わせだけで
なく
仮定法には
いろんな種類が
ある

10 minutes practice

使いこなし10分練習

詳しい手順は 8 ～ 10 ページを確認してください。

STEP 1 しゃべりたい！ 言い換えで使いこなそう（単語・句・節）

音声を聞き、cue に従って、どんどん新しい英文を作り出してください。

例文 114
MP3 171

If I had had breakfast this morning, I wouldn't be hungry now.

a) I wouldn't have fainted during the meeting
b) If you were the chairman, the meeting wouldn't have been that long, so
c) I would help you with everything I've got
d) If you had done your best already

例文 115
MP3 172

Had I practiced more, I could have won the contest.

a) I could have felt less nervous
b) Had I not seen that large audience
c) I could have performed better
d) Had there been more time to practice

例文 116
MP3 173

With a little more practice, you could have won the contest.

a) patience
b) you could have handled the children better
c) experience
d) you could have been elected mayor of the city

STEP 1 解答と訳

例文114 MP3 171

a) If I had had breakfast this morning, I wouldn't have fainted during the meeting.（今朝、朝ご飯を食べていたら会議中倒れなかったのに）

b) If you were the chairman, the meeting wouldn't have been that long, so I wouldn't have fainted during the meeting.（君が議長なら、会議もあんなに長くなかっただろうから、会議中倒れなかったのに）

c) If you were the chairman, I would help you with everything I've got.（君が議長なら私も全力で君を助けるよ）

d) If you had done your best already, I would help you with everything I've got.（すでに君が全力を尽くしたのだったら、私も全力で手助けするのだが）

例文115 MP3 172

a) Had I practiced more, I could have felt less nervous.（もっと練習していたら、そんなに緊張しなかったのに）

b) Had I not seen that large audience, I could have felt less nervous.（あの大観衆を見なければ、そんなに緊張しなかったのに）

c) Had I not seen that large audience, I could have performed better.（あの大観衆を見なければ、もっと上手に演技できたのに）

d) Had there been more time to practice, I could have performed better.（もっと練習時間があれば、もっと上手に演技できたのに）

例文116 MP3 173

a) With a little more patience, you could have won the contest.（もう少し我慢できれば、コンテストに勝ったかもしれないのに）

b) With a little more patience, you could have handled the children better.（もう少し我慢できれば、子どもたちをもっと上手に扱えたのに）

c) With a little more experience, you could have handled the children better.（もう少し経験があれば、子どもたちをもっと上手に扱えたのに）

d) With a little more experience, you could have been elected mayor of the city.（もう少し経験があれば、その市長として当選できたのに）

STEP 2 もっとしゃべりたい！ 会話のやりとりで使いこなそう

シーン1 MP3 174

お昼休みか終わってすぐの授業はいつも眠いものです。特にお昼を食べすぎたときはその眠気もひとしおです。

Classmate : Better watch out. You yawned again.

You : お昼食べすぎなきゃ、こんなに眠くなかったかね？

シーン2 MP3 175

バイトでベビーシッターをやっているあなたは３人の子どもに囲まれ、思わずどなってしまいました。

Mother : Please, don't get so depressed.

You : 私にもっと我慢する気持ちがあれば、子どもたちをもっと上手に扱えたのに。

STEP 3 ここまで使いこなしたい！ まとまった内容を表現してみよう

楽しいカナダでのホームステイを終えて、帰国したあなた。ホストファミリーにナイアガラの滝に一緒に行った思い出をメールしようとした矢先、テレビで、ナイアガラで大事故が起きたというニュース。一足早く行っておいてよかった、と急きょ電話をします。

「元気でしたか？ …今日テレビを見ていて驚きました。ナイアガラ付近でバスが橋にぶつかる事故が起きたそうだね。私もそのとき行っていたら、事故に巻き込まれたかもしれないね。でも、本当に楽しかった。ジルがいなかったら、決してこんな有意義なステイはできなかったと思うと、感謝の気持ちでいっぱいです」

ヒント：橋＝bridge ／ ぶつかる＝crash into ／ 巻き込まれる＝get involved ／ 楽しい＝ have a good time ／ 有意義な＝ meaningful ／ 感謝の気持ち ＝ greatful

STEP 2 解答例と訳

シーン1 MP3 174

クラスメイト：気をつけなよ。またあくびしてるし。

あなた：If I hadn't had too much for lunch, I wouldn't be this sleepy.

> 前半が過去の話、後半が現在の話で、ミックスです。
> よくあるミスで、If I have had なんてのがありますが、「仮定法」ではとにかく過去か過去完了なので have ～という「現在」完了はありません。

シーン2 MP3 175

母：お願い、そんながっかりしないで。

あなた：With a little more patience, I could have handled the children better.

> if をつけない仮定法を使っています。
> ベビーシッター（baby sitting）はアメリカでは、最も一般的なアルバイトの1つです。

STEP 3 解答例と訳

MP3 176

How are you? I was surprised at today's news. A tourist bus crashed into a bridge in the neighborhood of Niagara Falls. If I had been there then, I might have been involved in the accident. Anyway I had a really fun time. Without Jill, I couldn't have enjoyed this stay. I am so grateful to you.

> 「もしそこにいたら（そのときだけ）」は過去の話として if I had been there と表しました。これは *If I were there* ではダメ。「今そこにいたら」という意味だから意味不明です。
> 「あなたがいなければ」はいろいろ表現法がある中で今回は without を使ってみました。この後ろの部分は仮定法過去完了の帰結節の部分が来ています（過去の話だから）。

Coffee Break

先生、どうやって勉強したのですか？(6)

ホントに申し訳ないのですが、これくらいです。あとは学校で渡される参考書をテストに出るという理由でやったとか、普通に受験勉強したとか、大学の英語の授業はろくに出席してないとか、みなさんと全く同じことをやっただけです。でも、このへんを総合的に考えると、いくつか、ひょっとしたらここが違うのではないかな、という「英語に対する姿勢」が浮かび上がってくるような気がします。

つづく→272ページ

CHAPTER_7

節から句に転換して、短く締まった表現にする

UNIT 30 分詞構文(1)基本編 ～作り方～

接続詞を使いこなすようになると、文がどんどん長くなります。いいことなのですが、場合によっては、あえて短くしたりする技術も必要でしょう。このUNITでは、文（節）をフレーズ（句）のレベルに短縮する技法を学びます。

まず最初が分詞構文になります。

RULE 107 分詞構文というのは、「接続詞＋文」（副詞節）をフレーズ（副詞句）にする技法のこと

です。

最も特徴的なのは、when、because、since、if、as、although などを使わないけれど、意味はそのまま、ということです。

ところで、英文法の問題で、1文しかないのに「この分詞構文は、接続詞を用いて書き換えるとどうなるか」というのがありますが、これはよろしくありません。なんでもOKだからです。「今日雨○○○～、野球をしよう」で○○○～に適当な接続詞を入れなさい、というのと同レベル。「でなければ」、「なので」、「だとしても」、「なら」…いろいろ入ります。

逆に言うとこれは、使う側（みなさんです）としては、しっかり文脈を固めておかないと、上のように、なんでもよくなってしまうわけです。接続関係を、聞く・読む側にお任せするわけですから。1文だけで英語を考えることなく、全体も見ながら英文を作りましょう。**RULE 002（前の英文を受けて初めて、「次」の英文ができる。その英文は、「次」につながる）**はいつも気にしておくべきです。

RULE 108

分詞構文の作り方
接続詞＋ S1 ＋ V1 〜 , S2 ＋ V2 〜 . という英文を分詞構文にするには、
1）接続詞を確認⇒あれば消去
2）主語を確認⇒ S1 ＝ S2 であれば、S1 を消去。
S1 ≠ S2 であれば（a）S1 を残すか、
（b）分詞構文をあきらめる
3）動詞を確認⇒ V1 と V2 の時制が同じなら
V1 ＋ -ing。V1 が V2 より過去の時制なら
Having done（V1）の形に

以上が、分詞構文の基本形です。テストなどで最も重要なのは、主語が違うときの対応。学校などでは、主語を残すほう（a）を学びますが、（b）の分詞構文をあきらめる、というパターンが多いと認識しましょう。

つまり、

RULE 109

分詞構文である以上、分詞の意味上の主語は、文全体の主語と同じである

ということをしっかり覚えておいてください。上のルールを次の例で実際に当てはめてみましょう。

If you stay in Japan longer, you will be able to speak Japanese better.（日本にもっと長くいれば、日本語だってもっと上手になるよ）
と、国に帰るお友だちを引きとめるのですが、まず、

1）接続詞を確認⇒ if があるので、この英文は分詞構文になります。
2）主語を確認⇒両方とも you なので、最初の you を削除。
3）動詞を確認⇒両方とも未来形（if 節は副詞節だから、本来は will を使うところでした）だから、Staying とする。

ここから、次の英文ができました。

例文117

Staying in Japan longer, you will be able to speak Japanese better.

（日本にもっと滞在すれば、あなたも日本語がもっと上手になりますよ）

和訳で、「〜すれば」と、あたかもifがあるかのような訳になることに注意。これぞまさに分詞構文の意義です。ifを使わずに、ifの意味を表すのです。

10 minutes practice

使いこなし10分練習

詳しい手順は8～10ページを確認してください。

STEP 1 しゃべりたい！ 言い換えで使いこなそう（単語・句・節）

1. 次の接続詞を使った英文をどんどん分詞構文に変換してください。

MP3 177

a) If you lose another 5 kilos, you will become healthier.
b) My sister is working hard for the test, while she is listening to music.
c) As soon as the president arrived at the airport, he made a phone call.
d) Since he was a mischievous boy, Jim used to be scolded quite often.

2. 次の接続詞を使った英文を、分詞構文にできるかどうか見極めて、できる場合には変換、できない場合には、リピートしてください。

MP3 178

a) While my wife stays home all day, I work at the office all day long.
b) Since there were a lot of mistakes, I had to re-write the paper.
c) As you grow a beard, you are becoming wild.
d) If it is seen from a distance, the airplane looks like a pencil.

3. 時制に注意して分詞構文にどんどん変換してください。

MP3 179

a) Since I have seen the celebrity quite often, I am not surprised to see her.
b) When I have done the homework, I am free to go out.
c) Because he didn't eat too much, George is hungry now.
d) When he had put the room in order, the thief left the house.

STEP 1 解答と訳

1. MP3 177

a) Losing another 5 kilos, you will become healthier.（あと5キロ減れば、あなたはもっと健康になるよ）

b) My sister is working hard for the test, listening to music.（うちの妹は音楽を聞きながら、テスト勉強をしている）

c) Arriving at the airport, the president made a phone call.（空港に着くとすぐに、社長は電話をした）

d) Being a mischievous boy, Jim used to be scolded quite often.（ジムはやんちゃだったので、かなり頻繁にしかられた）

2. MP3 178

a) While my wife stays home all day, I work at the office all day long. 《分詞構文不可》（妻は1日家にいて、私は1日オフィスで仕事だ）

b) Since there were a lot of mistakes, I had to re-write the paper. 《分詞構文不可》（間違いがたくさんあったので、私はレポートを書き直さなければならなかった）

c) Growing a beard, you are becoming wild.（ひげを伸ばすにつれて、あなたは野性的になっている）

d) Being seen from a distance, the airplane looks like a pencil.（遠くから見ると、その飛行機は鉛筆のように見える）

3. MP3 179

a) Having seen the celebrity quite often, I am not surprised to see her.（そのセレブなら何度も見ているから、見たって驚かないよ）

b) Having done the homework, I am free to go out.（宿題は終えているので、私はいつでも外出できる）

c) Not having eaten too much, George is hungry now.（ジョージはあまりたくさん食べなかったので、今おなかがすいている）

d) Having put the room in order, the thief left the house.（部屋を片づけてから、その泥棒は家を出た）

STEP 2 もっとしゃべりたい！ 会話のやりとりで使いこなそう

シーン1 MP3 180

ちょっと太りぎみの同僚のアレックス。今日も肩がこったという彼に、思い切ってやせなさいと忠告します。

Alex : My shoulders have become stiff again.

You : 君もあと5キロやせると、もっと健康になるよ。

シーン2 MP3 181

空港に来て、飛行機が飛び交うのを見るのはロマンチック。でも飛行機って、ものによっては、遠くから見ると鉛筆みたいに見えることがあります。

Your friend : That airplane is awesome!

You : Yeah, look! あそこの飛行機って遠くから見ると鉛筆みたいだね。

STEP 3 ここまで使いこなしたい！ まとまった内容を表現してみよう

あなたはインタビューした芸術家の生い立ちを下のように書くことにしました。硬い英語で書いてみましょう。

「シカゴに生まれるとすぐに、彼は絵画に興味を示した。絵を描くことには不慣れだったので、彼は学校に行くことに決めた。学校での成績は非常に良かったので、その将来の芸術家は奨学金を得て、大学に行くことができた」

ヒント：興味を示す＝ show interest in ～ ／ 慣れている＝ be familiar with ～ ／ ～することに決める＝ decide to ～ ／ 成績が良い＝ do well at school ／ 将来の～＝ would-be ～ ／ 奨学金＝ a scholarship

STEP 2 解答例と訳

シーン1 MP3 180

アレックス：また肩こったよ。

あなた　　：Losing another 5 kilos, you will become healthier.

> › another は「もう～」、「あと～」という意味で使っています。
> › you become の you と lose する人が同じなので分詞構文ができます。

シーン2 MP3 181

友人　：あそこの飛行機はすごいね！

あなた：ほんと。見て！ Seen from a distance, those airplanes look like pencils.

> › 複数形にしていますが、別に単数形にしてもOKです。そのときの状況に応じて。
> › 文の主語はあくまで「飛行機」なので、「見る」だと「飛行機が見る」ことになっておかしいです。「見られる」としましょう。したがって、look at を使おうとした人は、分詞構文をあきらめて、When you look at the airplanes, としなければなりません。また、Being の省略については次の UNIT で学びましょう。

STEP 3 解答例と訳

MP3 182

Born in Chicago, he showed interest in paintings. Not being familiar with drawing, he decided to go to school. Having done well at school, the would-be artist got a scholarship to get into college.

> › 分詞構文にしてあるところは、必ず文全体の主語と分詞の意味上の主語が同じであることに注意を払ってください。
> › 今回は分詞構文の練習という意味なので、本当はこんなふうに連続で同じ構文を出すのは上手な文体ではありません。
> › 「将来～になることになる人」という意味で過去を振り返るとき、would-be ～と言います。

UNIT
31 分詞構文(2)応用編

前のUNITで分詞構文の基礎事項を取り上げましたので、今回はその応用を使いこなします。**RULE 108（分詞構文の作り方）**で1）～3）まで紹介しましたが、実は4）と5）があります。これが応用です。

RULE **110**
分詞構文の作り方（続き）
4）動詞にingをつけて、beingになったとき⇒ beingは省略できる

例文 **118**
Seen from a distance, that airplane looks like a pencil.
（遠くから見ると、あの飛行機は鉛筆のように見える）

つまり、このルールはどういうことかというと、分詞構文は必ずing形で始めなければならないけれど、そうでないこともある。でもそのときでさえ、実はbeingが省略されているから、やっぱり、ing形で始まっているのだ、という原則で一本筋が通っていることを意味しています。

RULE **111**
分詞構文の作り方（続き）
5）最後に、意味を確定するために、接続詞をつけ直す場合がある

作り方1）～4）を使って、まずは、

When I was a child, I read a lot.（子どものころ、よく読書した）

を分詞構文にしましょう。

1）Whenを消す。

2）Iが同じなので最初のIを消す。

3）ともに過去形なので、wasをbeingにする。

4）beingで始まるので、省略する。

そうすると、

A child, I read a lot.

という英文ができあがります。ただ、意味はとても広くて、「子どもだったけど、よく読書した」でもいいし、「子どもだったからよく読書した」かなと思えば、「子どものころ、よく読書した」でもいいわけです。

で、5）の手順として、「子どものころ」という意味について、誰もがわかるようにしたい、と思えば

例文 119

When a child, I read a lot.

（子どものころ、よく読書した）

とできるわけです。UNIT 30 の STEP 1 も、1. b）..., (while) listening to music とできるし、1. d）(Being) a mischievous boy, ... とできるわけです。

後者の例をもう 1 つ挙げましょう。

例文 120

A talented mechanic and inventor, the man became successful in his career.

（才能ある機械工かつ発明家だったので、その男は自分の専門分野で成功を収めた）

これは As ... とか、Since he was a talented mechanic and inventor, ということで、分詞構文です。日本語では「才能ある機械工かつ発明家だった→彼は」のようにすることもありますが、そのようにばかり理解すると、この本来の英文が思いつけなくなるかもしれません。

例文 121

Other things being equal, I prefer to take a train. I don't have to drive.

（他の条件が同じなら、電車がいいです。運転しなくていいので）

また、このように、分詞構文には熟語的なものも多数あります。

10 minutes practice 使いこなし10分練習

詳しい手順は8～10ページを確認してください。

STEP 1 しゃべりたい！ 言い換えで使いこなそう（単語・句・節）

1. Beingを省略したバージョンを作ってください。

MP3 183

a) Being interested in gospel music, the student joined the club.
b) Being a member of the club, Bill was allowed to join the concert.
c) Being held in the evening, the concert was crowded with business people.
d) Being tired from hard work, he went home as soon as the concert was over.

2. 分詞構文は接続詞を使って、接続詞の文は分詞構文に言い換えてください。主語が異なる場合も今回は分詞構文で表してください。

MP3 184

a) Written in plain English, the book is easy to read.
b) As I have a lot to do, I would like to put off the tennis match with you.
c) Since there was nothing to talk about, the staff members left the room.
d) There being no bus service, we had to walk to the village.

3. 音声を聞き、cueに従って、新しい文を作ってください。

例文121

MP3 185 Other things being equal, I prefer to take a train.

a) All things considered
b) Speaking of public transportation
c) Such being the case
d) Frankly speaking

STEP 1 解答と訳

1. MP3 183

a) Interested in gospel music, the student joined the club.（ゴスペルに興味があったので、その学生はそのクラブに入った）

b) A member of the club, Bill was allowed to join the concert.（そのクラブのメンバーだったので、ビルはコンサートに参加できた）

c) Held in the evening, the concert was crowded with business people.（夜に行われたので、そのコンサートは社会人であふれていた）

d) Tired from hard work, he went home as soon as the concert was over.（仕事で疲れていたので、彼はコンサートが終わるとすぐに帰宅した）

2. MP3 184

a) Since it is written in plain English, the book is easy to read.（簡単な英語で書かれているので、その本は読みやすい）

b) Having a lot to do, I would like to put off the tennis match with you.（やることがたくさんあるので、私は君とのテニスの試合を延期したい）

c) There being nothing to talk about, the staff members left the room.（議論することがなくなったので、スタッフたちは部屋を出ていった）

d) Since there was no bus service, we had to walk to the village.（バスが走っていなかったので、私たちはその村まで歩かなければならなかった）

3. 例文121 MP3 185

a) All things considered, I prefer to take a train.（すべてを考慮すれば、私は電車のほうが好きだ）

b) Speaking of public transportation, I prefer to take a train.（公共交通機関といえば、私は電車のほうが好きだ）

c) Such being the case, I prefer to take a train.（そういうことならば、私は電車のほうが好きだ）

d) Frankly speaking, I prefer to take a train.（率直に言えば、私は電車のほうが好きだ）

STEP 2 もっとしゃべりたい！ 会話のやりとりで使いこなそう

シーン1 MP3 186

イタリア料理店のメニューは何語？

You friend : I hear you have been to New York. How was the trip?

You : One day, I went to this Italian restaurant. But メニューがイタリア語で書かれていたから、読みづらかった。

シーン2 MP3 187

世界に通用する和食は何でしょう？

You friend : Which Japanese food can be called an international food?

You : てんぷらは世界中で食べられているので、国際的な食べ物だと思います。

STEP 3 ここまで使いこなしたい！ まとまった内容を表現してみよう

シーン１でのあなたの行動をもっと詳しく伝えましょう。

> 「初めての海外旅行だったので、とてもワクワクしていた。英語圏の国だったので、不安もなかった。そんなにお腹もすいていなかったけれど、あるイタリアンの店に入った。外見がかっこよかったから引き込まれた。でも、メニューが全部イタリア語だったので、読めなかった」

ヒント：海外旅行＝ trip abroad ／ ワクワクする＝ be excited ／ 英語圏の国＝ English-speaking country ／ 不安もない＝ there was nothing to worry ／ そんなに〜ない＝ not too 〜／ 入る＝ get into ／ 外見＝ the appearance ／ かっこいい＝ cool ／ 引き込まれる＝ get attracted

STEP 2 解答例と訳

シーン1 MP3 186

友人　：ニューヨークに行ってきたらしいけど、どうだった？

あなた：ある日ね、イタリアンの店に入ったの。けど、written all in Italian, the menu was hard to read.

> 最後の部分の「読みづらい」が hard to read になっています。メニューは hard だった。何するのが hard だったかというと、to read（読むのが）、という並びです。
> The menu, which was written in Italian, was hard to read. や、The menu was hard to read, because it was written in Italian. などいろいろな表現ができると思います。**RULE 008（ABCDEF. の文で最も重要なのは F）**を意識して自分で決定することが大切です。この場合だと、Italian. で終わったほうが最もインパクトがあるかもしれません。

シーン2 MP3 187

友人　：和食だと、どれが国際的かね？

あなた：Eaten all over the world, Tempura is international.

> since は理由をはっきりさせたいということであればつけてもかまいませんが、別になくても OK です。
> でも形は (it is) eaten だから過去分詞でなければなりません。主語をしっかり合わせるようにしましょう。

STEP 3 解答例と訳

MP3 188

Since it was my first trip abroad, I was excited. Besides, it was an English-speaking country, so there was nothing to worry about. Although not too hungry, I went to an Italian restaurant. I was just attracted by its appearance. But written all in Italian, the menu was too hard to read.

> どれが分詞構文で、どれは分詞構文をあきらめる、などを自主的に決定してください。自由に使うのが一番です。
> STEP 2 と違って、ここでは、すでに「イタリア」が出ているので、この解答例のほうが自然に聞こえると思います。

UNIT
32 接続詞の特別ルールと分詞構文

接続詞を使わない方向で、しばらく勉強を進めてきましたが、ここで再び接続詞に戻ってみるのも、理解に一役買うことでしょう。まずはいくつか、接続詞の復習をしましょう。

RULE **071** **接続詞⇒後ろには完全な文が続く**

完全な文、というと、違和感がありますが、ひとまずは、

RULE **112** **完全な文とは、もはやこれ以上名詞を置かなくても成立している文**

と理解します。

I am interested. は完全な文です。これはこれだけで成り立っているからです。I am interested in. は不完全です。I am interested in "English." と名詞が必要だから不完全、そういう違いです。

今までの復習として、

RULE **113** **接続詞⇒後ろは完全な文**
関係代名詞⇒後ろは不完全な文

も参考になるでしょう。関係代名詞は前に先行詞（名詞）があるので、それを抜いておかないと文が成立しません。その抜いた名詞の分だけ、不完全になる、というわけです。

これらと分詞構文を合わせてみます。

RULE 114 接続詞の後ろに省略⇒「S + be 動詞」の省略

例文 122

When young, I used to play football with my friends.

（子どものころ、私は友だちとサッカーをしたものだ）

この例文の When の後ろには、本来なら「完全な文」が来るはずです。けれど、young だけとは！ そんなときにこのルールが適用されるわけです。

主語（S）とは文全体の主語（つまり、I のこと）で、それに対応する be 動詞（この場合は was）が省略されているのです。When I was young, となるのですね。省略される動詞は be 動詞だけです。なぜなら、これはまさに、**RULE 110** と **RULE 111** のことだからです。省略できるのは being だけだったことを思い出しておきましょう。

ことわざの、

例文 123

When in Rome, do as the Romans do.

（郷に入っては郷に従え）

も、When (you are) in Rome, となっています。

RULE 115 実は if = even if

これも知らないと理解ができなくなる例です。「もし〜なら」が if で、「たとえ〜でも」も if です。

if を「もし〜なら」と考えると理解できないときには、「たとえ」と考えることができます。

例文124

If you are under twenty, you can drink beer here.

（たとえあなたが20歳未満でも、ここではビールが飲めます）

この例文を「もしあなたが20歳未満なら、～」とすると、20歳以上の人はビールが飲めないことになります。そんなときはevenがあるものとするわけです。

紛らわしいので、自分で使うときはeven if～としたほうがいいですが、本物の英語はそんなことおかまいなしですから、これを知っておくことは理解を助けること間違いありません。

そしてさらにやっかいな次のルール。

RULE 116 接続副詞では文を結ぶことはできない

このルールはちょっとやっかい。話すときにはあまり関係ないのですが、書くときに重要になります。有名なものを1つ挙げておきましょう。

例文125

It was raining; however we kept practicing outside.

（雨が降っていた。しかし、私たちは外で練習し続けた）

この「しかし」のhoweverは実は副詞。だから文を結びたいときには、接続詞のbutを使います。すると、It was raining, but we kept practicing outside. となります。

違いはhoweverの前の“;”（セミコロン）です。このセミコロンこそ、接続詞の役割を果たします。これと一緒にならhoweverが使えるのです。

RULE 117 セミコロンは接続詞のジョーカーとして、2つの文を結ぶ働きをする

前の文がピリオドで終わっているときはもちろんhoweverです。

最後に、文のリズムを統一するために非常に重要なルールです。

RULE 118 and ／ but ／ or の前後は同じ形（and の並列）

上の 3 つは「等位接続詞」と呼ばれます。どういう意味かというと、結ぶものが全部、同じ品詞で同じ文の要素である、というもの。つまり、and の前が目的語（つまり名詞）だったら、and の後ろも必ず目的語（もちろん、名詞）になるし、and の前が to 不定詞なら、and の後ろも to 不定詞になる、ということです。「文を And で始めてはダメ」「文を But で始めるのはダメ」と言われたことも多いと思いますが、その原因は、これでした。[A and B] として使うはずなのに、[And B] としてしまうと、A がないから、and が成立していないわけです。

Point
接続詞にまつわる
さまざまなルール、
ここでまとめて
確認しておこう

10 minutes practice

使いこなし10分練習

詳しい手順は8～10ページを確認してください。

STEP 1 しゃべりたい！ 言い換えで使いこなそう（単語・句・節）

1. 主語＋be動詞を省略して英文を作りましょう。

MP3 189

a) When I was a child, I used to play outdoors until dark.

b) You must be an English teacher. If you are not an English teacher, you must be an interpreter.

c) Although it is played all over the world, soccer is less popular than baseball in this country.

2. even ifの意味でifを使って、英文を作り変えましょう。

MP3 190

a) You are a foreigner. / You are not allowed to teach without permission.

b) You are familiar with computers. / You must learn how to use them.

c) The country is among the poorest nations. / She has a right to vote.

3. howeverを用いて、言い喚えましょう。

MP3 191

a) Although he was not in time for the concert, he was allowed to enter the building.

b) They were total strangers an hour ago, but they are talking as if they were old friends over beer.

c) Although Rob was well qualified, he had a hard time getting the right job.

4. andの並例を使って結びましょう。

MP3 192

a) You turn around. / I will scratch your back.

b) I like watching movies. / I like playing tennis. / I like cooking.

c) Those who have been abroad should teach English. / Those who have enough knowledge of English should teach English.

STEP 1 解答と訳

1. MP3 189

a) When a child, I used to play outdoors until dark.（子どものころは、暗くなるまで外で遊んだものでした）

b) You must be an English teacher. If not, you must be an interpreter.（あなたは、英語の先生ですね。そうでなければ、通訳ですね）

c) Although played all over the world, soccer is less popular than baseball in this country.（世界中でプレーされているのに、この国ではサッカーは野球よりも人気がない）

2. MP3 190

a) If you are a foreigner, you are not allowed to teach without permission.（たとえ外国人であっても、許可なく教えることは認められない）

b) If you are familiar with computers, you must learn how to use them.（たとえパソコンに詳しくても、使い方を学ばないといけない）

c) If the country is among the poorest nations, she has a right to vote.（たとえ最貧国の１つであっても、彼女は投票はできる）

3. MP3 191

a) He was not in time for the concert; however he was allowed to enter the building.（彼はコンサートに間に合わなかった。しかしその建物に入ることを許された）

b) They were total strangers an hour ago; however they are talking as if they were old friends over beer.（彼らは１時間前は全くの他人だった。しかし今ではビール片手に古い友人であるかのように話している）

c) Rob was well qualified; however he had a hard time getting the right job.（ロブは十分な資格があった。しかし､彼はいい仕事を得るのが大変だった）

4. MP3 192

a) You turn around and I will scratch your back.（向こうを向いたら、背中をかいてあげるよ）

b) I like watching movies, playing tennis, and cooking.（私は映画とテニスと料理が好きだ）

c) Those who have been abroad and have enough knowledge of English should teach English.（外国に行ったことがあって、英語の十分な知識がある人が英語を教えるべきだ）

STEP 2 もっとしゃべりたい！ 会話のやりとりで使いこなそう

シーン1 MP3 193

英語が話せるからすぐに英語の先生の仕事が見つかるだろうと思っていたアメリカ人のジョンでも、就職は厳しいものです。

Your friend : Will he get a job soon?

You : たとえジョンがアメリカ人であっても、苦労してるよ。

Your friend : Oh, that's life, eh?

シーン2 MP3 194

お米のワインが日本酒だと気づいて感激のミッチェルです。

Mitchell : So sake is made from rice.

You : うん。ぶどうで作ると、ワインだよね。

STEP 3 ここまで使いこなしたい！ まとまった内容を表現してみよう

日本の防衛についてメールで意見交換しています。

「日本は核を作らず、持たず、持ち込ませない。しかし、この非核三原則がいつ破られるのか不安だ」として平和を主張しましょう。

ヒント：作る＝ produce ／ 持つ＝ possess ／ 持ちこみ＝ entry ／ 核兵器＝ nuclear weapons ／ 非核三原則＝ three Non-nuclear principles ／ 破る＝ break

STEP 2 解答例と訳

シーン1 MP3 193

友人　：彼はすぐに就職できそうなの？
あなた：Even if John is American, he is having a hard time finding a job.
友人　：人生ってそういうものだよね。

> › 前後の文脈で十分予測できるときには even はなくてもいいのですが、語呂としては、今回は even if がよいかもしれません。
> › 「大変だ」は have a hard time。これを覚えておくと使えます。

シーン2 MP3 194

ミッチェル：つまり、お酒はお米で作られるわけね。
あなた　　：Yeah, but if made from grapes, it becomes wine.

> 「S + be」の省略を使いこなせましたか。It is の省略でした。

STEP 3 解答例と訳

MP3 195

Japan will not produce, possess, or allow the entry of nuclear weapons; however, government policy can be changed. I am worried about when these three Non-nuclear principles will be broken.

> › 並列に注意。今回は or で並列にしました。(not) A or B で「A でも B でもない」です。
> › ...; however, のところはきちんと書けましたか。but で書いた人は , but で OK です。however の人は、直前でピリオドを打って、別の文として However, と始めるか、解答例のように、; however とセミコロンにするかのどちらかになります。
> › 「(約束などを) 破る」のは break で OK です。

UNIT
33 付帯状況のwith

前置詞 with は辞書を見れば、その用法の複雑さは一目瞭然ですが、こと分詞構文に関連して、付帯状況の with という用法があります。これは、メインの文に分詞構文を追加して、理由や状況を軽く述べるときに使うものです。

この UNIT では、この使い方を感じ取ることに挑戦します。節を句に凝縮する練習をする中で、特に書き言葉で頻度が高くなる、この用法を無視しないことにしました。これによって、英語表現力の大きな飛躍が期待できると思います。

まずは「付帯状況」とは何か、です。

RULE 119 **付帯状況とは理由や状況などを指す。日本語訳は「なので」、「ということもあり」、「しながら」など**

例文 126

Jack was running toward me with his eyes filled with tears.

（ジャックは目に涙を浮かべて私のほうに走ってきた）

この文の後半、もともとは his eyes were filled with tears. という文でした。これは、接続詞の as や while を使って「〜しながら」としてもいいのですが、今回はもっと意味を微妙なままにしたい（つまり、「理由」でもあるし、「状態」でもあるし「様態」でもあるし…）という気持ちがあります。

つまり、接続詞をどちらかと言えば「使わない選択」をしたいわけです。

RULE 120 **分詞構文では接続詞を削除する⇔1つだけの接続詞を使いたくないから分詞構文にする**

例文 127

With a clear professional goal in mind, he decided to get a job with a financial institution.
（彼は、明確なキャリアプランを持って、金融機関に就職することにした）

これなどはその好例でしょう。A clear professional goal [is] in mind. にどのような接続詞を 1 つつけても、物足りない感じがします。そのときに is を being にして、**RULE 110（動詞に ing をつけて、being になったとき⇒ being は省略できる）**より、being を省略しているわけです。With a ～ being in mind, と、being は省略しなくてもかまいません。

ここまでで、気づいていただけたかもしれない、付帯状況を表す with を使うときの大切なルールを紹介します。

RULE 121 **with を使って付帯状況を表す場合は、その主語と文全体の主語が異なっていること**

RULE 122 **その主語と文全体の主語が異なる分詞構文を、特に独立分詞構文と言う**

つまり、付帯状況を表す with はなくても、独立分詞構文として成立しますが、with があると、はっきりとしたサインになるのでわかりやすくなるというわけです。

最後に、これは書き言葉での頻度も高いですから、その観点からの使いこなしも意識したいと思います。

例文 128

This Friday was one of the busiest travel days of the year, with millions of Americans driving across the nation to get back to their hometowns.

(今週の金曜日は、何百万人ものアメリカ人が、帰省のために国中を車で移動したこともあって、今年最も混雑した)

withを出した後の「～が」「～する」というつながりが意識できてきたでしょうか。

10 minutes practice

使いこなし10分練習

詳しい手順は8～10ページを確認してください。

STEP 1 しゃべりたい！言い換えで使いこなそう(単語・句・節)

音声を聞き、cue に従って、どんどん新しい英文を作り出してください。

例文126

MP3 196

Jack was running toward me with his eyes filled with tears.

a) with a CD in his hand

b) with his tuxedo on

c) with his hair streaming in the wind

例文127

MP3 197

With a clear professional goal in mind, he decided to get a job with a financial institution.

a) career

b) join

c) an educational institution

MP3 198

I had to study with the test coming up soon.

a) be better prepared

b) the interview

c) just around the corner

STEP 1 解答と訳

例文126 MP3 196

a) Jack was running toward me with a CD in his hand.（ジャックはCDを手に持って、私のほうに走ってきた）

b) Jack was running toward me with his tuxedo on.（ジャックは自分のタキシードを着て、私のほうに走ってきた）

c) Jack was running toward me with his hair streaming in the wind.（ジャックは髪を風になびかせて、私のほうに走ってきた）

例文127 MP3 197

a) With a clear career goal in mind, he decided to get a job with a financial institution.（明確なキャリアの目標を念頭に、彼は金融機関に就職することにした）

b) With a clear career goal in mind, he decided to join a financial institution.（明確なキャリアの目標を念頭に、彼は金融機関に入った）

c) With a clear career goal in mind, he decided to join an educational institution.（明確なキャリアの目標を念頭に、彼は教育機関に入った）

MP3 198

a) I had to be better prepared with the test coming up soon.（テストが間近に迫っているので、私はもっと準備をしないといけなかった）

b) I had to be better prepared with the interview coming up soon.（面接が間近に迫っているので、私はもっと準備をしないといけなかった）

c) I had to be better prepared with the interview just around the corner.（面接がすぐそこに迫っているので、私はもっと準備をしないといけなかった）

STEP 2 もっとしゃべりたい！ 会話のやりとりで使いこなそう

シーン1 MP3 199

スキーに行こうと誘われたのですが、実は、大切な就職の面接が迫っていて、そういう気持ちになれないのです。

Your friend : I asked Jim and he suggested that we go skiing together. I like it. How about you?

You : 大切な就職の面接が2日後に迫っているし、ちょっと準備したいな。

シーン2 MP3 200

結婚式に招待されて、一緒に行くはずだったJimがまだ来ていません。あっ、今走ってきました。

Your friend : We have waited long enough. Let's go without him.

You : ほら！ ジムがスーツを着て走って来てるよ。

STEP 3 ここまで使いこなしたい！ まとまった内容を表現してみよう

社会学の課題で、人口と食糧問題についてペーパーを書くことになりました。下のメモを使って英文にしてみましょう。

- (20世紀半ば)Population ↑ → 食糧問題(人口増加とともに食糧問題が)
- 先進国（技術あり）→ no problem（技術があるため、食糧問題なし）
- [途上国←技術]（技術を供与）
- 解決⇒ Green Revolution（このことを Green Revolution という）

STEP 2 解答例と訳

シーン1 MP3 199

友人　：ジムに聞いたら、彼は一緒にスキーに行こうって。いいと思うんだけど、どうかな？

あなた：With an important job interview coming in two days, I'd rather get prepared for it.

> ＞スキーに行こう！ を間接的に伝えるので、suggested that（仮定法現在）にしました。
> ＞With の部分は、前に来ても後ろに来てもかまいません。この解答例だと準備をしたいことのほうが強調されます。

シーン2 MP3 200

友人　：もうこれ以上待てないよ。ジムなしで行こう。

あなた：Look! Jim is running toward us with his suit on.

> his suit is on という状態で、という意味での付帯状況になっています。

STEP 3 解答例と訳

MP3 201

In the mid-20th century, with the world's population ever increasing, more people died of hunger. This did not happen in the developed countries, so they provided their technology for the developing nations. With modern technology available, the problem of food shortage was partly solved. This is called the Green Revolution.

> ＞日本語訳は「20世紀半ば、世界の人口がたえず増加して、餓死する人が増えました。これは先進国では起こりませんでした。そこで、彼らはその技術を発展途上国に提供しました。新しい技術が使えるようになると、食糧問題は一部解決しました。これをグリーンレボリューション（緑の革命）と言います」。
> ＞付帯状況の with が使われている部分の日本語訳にも注目しておきましょう。

UNIT 34 前置詞と接続詞の変換

前の UNIT で with だけを取り上げましたが、前置詞は、文（節）を句に変換する上で決定的に重要な役割があります。特に、同じ意味で接続詞と前置詞がある場合には、その用法に習熟しておくことが大切です。

RULE 123 前置詞⇒必ず後ろは名詞

これが、前置詞の大前提です。だから、句を作るときには、前置詞が必要になるわけです。

RULE 124 前置詞は後ろの名詞と結びついて、全体として 1 つの形容詞か、副詞になる

これが前置詞の用法のすべてです。people next to us は「私たちの隣の」→人々、と形容詞になっています。

接続詞との関連で言うと、

RULE 125 接続詞からなる副詞節には、前置詞からなる副詞句に変換できるものがある

ことが、この UNIT でのポイントになります。

RULE 126 [because SV ...] の副詞節は [because of（名詞句）] の副詞句に変換できる

例文 129

"The project will be delayed because the manager is absent from work." "Will it really? Because of his absence from work? Give me a break!"

(「プロジェクトは、マネージャーが仕事を休んでいるので、遅れるようだよ」「ほんとに？ 彼の不在で？ 勘弁してほしいな」)

because の後ろは he (the manager) is absent と SV になっていますが、because of は前置詞なので、he → his / absent → absence となっています。

he is absent は文ですが、これを名詞句にすると his absence となります。英語を使いこなすために、絶対に大切なことです。

RULE 127 **He is absent. が文で、これを名詞句にすると、His absence となる**

RULE 128 **[although SV ...] の副詞節は、[despite ＋名詞句] という副詞句に変換できる**

例文 130

"Although I can benefit from reading, I would rather see a movie." "I don't understand why you prefer a movie despite all the benefits of a book."

(「読書から利益は得られるのですが、私は映画のほうが好きです」「どうして読書がそれほど有益なのに、君は映画が好きなのかわからないなあ」)

RULE 129 **[while SV ...] という副詞節は [during ＋名詞句] という副詞句に変換できる。どちらも「〜のあいだに」**

例文131

"While attending the ceremony, everyone kept quiet."
"Of course! No one speaks during such an important ceremony."
(「式典に参加している間、みんな静かにしていました」「当然です。そんな大切な式典で、私語をする人はいませんから」)

While (they were) attending the ceremony となっています。この attending は現在分詞なので、while という接続詞が必要です。attending を動名詞だと言い張って、during attending ... とはしないのが普通です。同様に、「運転中」は、while driving となって during driving とはなりません。

RULE 130 「～のように」は [as + SV ...] または [like +名詞]

例文132

Is it correct to say, "Like I said, all mammals are warm-blooded"?
(「like I said, 哺乳類というのは温血動物です」というのは正しいですか？)

これは正しくありません。ただ、英語圏の多くの人が "like I said" を使うことは、すぐに気づくことでしょう。しかしあくまでも as I said が正しい、というのが RULE 130 の述べるところです。

10 minutes practice

使いこなし10分練習

詳しい手順は8～10ページを確認してください。

STEP 1 しゃべりたい！ 言い換えで使いこなそう（単語・句・節）

音声を聞き、cueに従って、どんどん新しい英文を作り出してください。

例文129 MP3 202

The project will be delayed because the manager is absent from work.

a) the budget is limited
b) because of the limited budget
c) completed despite

例文130 MP3 203

Although I can benefit from reading, I would rather see a movie.

a) Even if
b) Despite the benefits I can get from reading,
c) I don't read often.

例文131 MP3 204

No one speaks during such an important ceremony.

a) test
b) while the teacher is giving a lecture
c) during the lecture

例文132 MP3 205

As I said, all mammals are warm-blooded.

a) the teacher said

b) Like human beings,

c) vertebrates

STEP 1 解答と訳

例文129 MP3 202

a) The project will be delayed because the budget is limited.（予算が限られているので、プロジェクトは遅れるだろう）

b) The project will be delayed because of the limited budget.（予算が限られているので、プロジェクトは遅れるだろう）

c) The project will be completed despite the limited budget.（限られた予算にもかかわらず、プロジェクトは完了するだろう）

例文130 MP3 203

a) Even if I can benefit from reading, I would rather see a movie.（読書が有益だとしても、私は映画のほうが好きです）

b) Despite the benefits I can get from reading, I would rather see a movie.（読書が有益だとしても、私は映画のほうが好きです）

c) Despite the benefits I can get from reading, I don't read often.（読書は有益ですが、私はあまり読書をしません）

例文131 MP3 204

a) No one speaks during such an important test.（そのような大切なテストのときは誰もしゃべらない）

b) No one speaks while the teacher is giving a lecture.（先生がレクチャーをしているときは、誰もしゃべらない）

c) No one speaks during the lecture.（レクチャーの間は、誰もしゃべらない）

例文132 MP3 205

a) As the teacher said, all mammals are warm-blooded.（先生が言ったように、すべての哺乳類は温血動物です）

b) Like human beings, all mammals are warm-blooded.（人間のように、すべての哺乳類は温血動物です）

c) Like human beings, all mammals are vertebrates.（人間のように、すべての哺乳類は脊椎動物です）

STEP 2 もっとしゃべりたい！ 会話のやりとりで使いこなそう

シーン1 MP3 206

Biology 101（大学１年生用の基礎的な生物学の授業）で、初めて出てくる語に苦戦しています。

You　　　　: I see .... Reptiles are vertebrates. How about mammals?
Classmate : 先生が言ったように、すべての哺乳類は脊椎動物です。

シーン2 MP3 207

Jane Austen（ジェーン・オースティン）の作品、*Pride and Prejudice*（高慢と偏見）の映画を見たいと思って友人を誘いましたが…。

Your friend : OK, but why? The book is always available. You can learn a lot from it.
You　　　　: 読書が有益だとしても、私は映画のほうが好きです。

STEP 3 ここまで使いこなしたい！ まとまった内容を表現してみよう

シーン１の生物学の授業を続けましょう。授業のノートを見て、レポートを書きましょう。

ワニ（alligators）は	爬虫類なので	卵を産む
クジラは	哺乳類	水中に住むけれど
カエルは	両生類（amphibian）なので	幼生（larva）の間は水中に住む

STEP 2 解答例と訳

シーン1 MP3 206

あなた　　　：あ、わかった。爬虫類は、脊椎動物ということだね。哺乳類は？
クラスメイト：As the teacher said, all mammals are vertebrates.

> Biology101のように、101というクラスコードは、3桁目（一番左）の1が1年生を表して、1年生の01（一番基礎的）なクラス、という意味です。

シーン2 MP3 207

友人　：うん、いいけど、でもどうして？ 本はいつでもあるし、たくさん学べるよ。
あなた：Although I can benefit from reading, I would rather see a movie.

> Althoughで始めるとき、... from reading, *but* I would rather ... となりがちですが、これだとダブりになります。気をつけましょう。

STEP 3 解答例と訳

MP3 208

Because alligators are reptiles, they lay eggs. Although whales live in the water, they are mammals. Since frogs are amphibian animals, they live in the water while they are larvae.

> 「〜なので」と前置きするときには、Since ... という接続詞も自然な響きです。
> 「幼生」は時期の名前ではないので、duringとするのは困難です。while they areとします。
> larva［lάɚvə］の複数形はlarvae［lάɚvi］です。

UNIT 35 節から句への変換の一般論

相手がLet's go to an ice cream shop! と言葉を発したとして、どのように受ければよいでしょうか。I like it! とする可能性は高いでしょう。このように、代名詞こそが、「受けるとき」の鉄則です。

このUNITでは、他の可能性はないのか、また、そもそも受けるときに、どのような受け方があるのかを見ていきます。自分が使いたい文に、あるアイデアを埋めこむ場合、いつも文の形でいいわけではないでしょう。そのときに、文を句に変換することも、1つの方法として必要になるでしょう。この UNIT ではその方法を学びます。

RULE 131 文は I go（＝ SV）⇒
my going（＝〜 's ＋動詞＋ -ing）で、名詞化できる

動詞は動名詞にすることで「名詞」になります。また、そのときの主語は所有格の形にするのが基本です。

Bob's coming to Japan（ボブが日本に来ること）は、Bob's book（ボブの本）と同じことになります。このとき、Bob coming to Japan と、目的格（he – his – him の him の形。固有名詞ならそのまま）にすることもできます。

RULE 132 my going は名詞だから、前置詞の後ろに置いて
使えるし、そのまま主語、目的語、補語になる

例文 133

I am not sure if we can win the game without our coach being there.

（監督がそこにいなくて試合に勝てるか自信がない）

Our coach is there. という文の形ですが、without という前置詞の後ろなので、名詞化しています。

RULE 133 going は go に名詞形がないから仕方なく going。
名詞形があれば、名詞形を優先する

例文 134

The construction of the new parking area will start in a few weeks.

（新しい駐車場の建設が２週間後に始まります）

これをConstructingとすると、Constructing the new parking area（新しい駐車場を建設すること）となって、この例文と同様の意味が出せなくなるかもしれません。その意味では、名詞形・動名詞形、ともに使うべき場所がある、ということになります。

RULE 134 形容詞も "being ..." ではなく、名詞形で受けることを意識する

例文135

"I am still angry about the decision!" "I understand your anger."

（「まだあの決定には怒っているんだ」「君が怒るのはわかるよ」）

RULE 132だと、I understand [your being angry]. となります。ただこれだと、I understand [how angry you are]. などのほうが「すわりがよい」かもしれません。そこで、your angerと名詞形にするわけです。短くすっきり言えています。

RULE 135 その文の機能は何なのか、を考え、その機能を表す名詞で言い換える

今度は、angryだからangerにする、とか、comeだからcomingにする、ということではなく、その文が「何をしているか」に注目した「文の名詞化」を試みます。

例文136

"Why don't you talk to your professor?" "I appreciate your suggestion, but ..."

（「先生に話してみたらどうかな？」「そうやって提案してくれて感謝するよ。ただ…」）

前の（相手が述べた）文の「機能」は「提案」です。それなら、その文を受けるのに、your suggestion（あなたの提案）と言うこともできるでしょう。こうした言い換えで、文のレベルが向上していきます。

例文137

"… but I don't think it will work …" "Oh, come on! You should change your negative attitude first."
（「…でもうまくいかないと思うんだ…」「あのさあ、その消極的な姿勢は変えたほうがいいよ」）

この例文は、もっと大きく "I don't think …" を「名詞化」しています。I don't think … は、文法ルールどおりに名詞化すると my not thinking … となりますが、逆に不自然です。これが your negative attitude のように変えられると、文のバラエティが広がります。

Point
名詞形と
動名詞形、
使うべき場所を
判断しよう

10 minutes practice 使いこなし10分練習

›詳しい手順は8～10ページを確認してください。

STEP 1 しゃべりたい！ 言い換えで使いこなそう（単語・句・節）

音声を聞き、cue に従って、どんどん新しい英文を作り出してください。

例文133 MP3 209

I am not sure if we can win the game without our coach being there.

a) giving us directions
b) Mr. Gordon
c) watching us

例文134 MP3 210

The construction of the new parking area will start in a few weeks.

a) the Student Union
b) renovation
c) cause trouble

例文135 MP3 211

I understand your anger.

a) disappointment
b) enthusiasm
c) delight

例文137 MP3 212

You should change your negative attitude first.

a) unrealistically high expectations

b) passive attitude

c) indecisiveness

STEP 1 解答と訳

例文133 MP3 209

a) I am not sure if we can win the game without our coach giving us directions.（監督が指示を出してくれないと試合に勝てるか自信がない）

b) I am not sure if we can win the game without Mr. Gordon giving us directions.（ゴードン先生が指示を出してくれないと試合に勝てる自信がない）

c) I am not sure if we can win the game without Mr. Gordon watching us.（ゴードン先生が見てくれていないと試合に勝てる自信がない）

例文134 MP3 210

a) The construction of the Student Union will start in a few weeks.（学生会館の建設が数週間後に始まります）

b) The renovation of the Student Union will start in a few weeks.（学生会館の改築が数週間後に始まります）

c) The renovation of the Student Union will cause trouble.（学生会館の改築はやっかいです）

例文135 MP3 211

a) I understand your disappointment.（あなたががっかりするのはわかります）

b) I understand your enthusiasm.（あなたが熱狂するのもわかります）

c) I understand your delight.（あなたが喜ぶのもわかります）

例文137 MP3 212

a) You should change your unrealistically high expectations first.（まずは、あなたの非現実的に高い期待を変えるべきだ）

b) You should change your passive attitude first.（まずは、あなたの消極的な態度を変えるべきだ）

c) You should change your indecisiveness first.（まずは、あなたの優柔不断さを変えるべきだ）

STEP 2 もっとしゃべりたい！ 会話のやりとりで使いこなそう

シーン1 MP3 213

大学の駐車場の場所が変更になったのですが、あなたは少し心配です。

Your friend : The new parking area is huge! You don't have to worry about having to come early enough to park your car.

You : Yeah, that's good, but 車が盗まれているという話もあってね。 I'm a bit worried about it.

シーン2 MP3 214

なんと、期末テストの教室を間違えたのに気づかずテストを受けた大学３年生のあなたの友人は、終了後、やっと気づきます。

Your friend : Oh! I made the biggest mistake ever! It's all over. I will fail, lose my scholarship, and have to stay for another year ...

You : あなたががっかりするのはわかるけれど、why don't you talk to your professor? 先生はあなたが3年で卒業したいことはご存じなんでしょう？

STEP 3 ここまで使いこなしたい！ まとまった内容を表現してみよう

結局あなたの友人は、試験に落ちてしまいました。３年で卒業する計画は達成できません。励ましてあげましょう。

「あなたが試験で失敗したことをいいほうに考えましょう！ どの教授も、あなたがよい学生だということを疑っていないよ。しかも、私たちはみんな、あなたともう１年過ごせることがうれしい。私の学生生活だって、あなたのような人が周りにいなければ全く違っているのよ」

STEP 2 解答例と訳

シーン1 MP3 213

友人　：新しい駐車場は大きいね。駐車のために早く来ないといけないとか心配いらないね。

あなた：そうだね、それはいいんだけど、I hear about cars being stolen. ちょっと心配なんだ。

> having to come の部分は have to を名詞にしています。
> cars are stolen を名詞にしたのが cars being stolen となります。about という前置詞の後ろですから、こうして名詞にします。

シーン2 MP3 214

友人　：あー、やっちまった！ もうおしまいだ！ 落ちて、奨学金もなくなって、もう1年いないといけないんだ…

あなた：I understand your disappointment, but 先生に話してみたら？ Doesn't he know about your plan to graduate in three years?

> 友人の発言が「失望」だと思ったら disappointment で受けます。
> 「卒業したいこと」は your wanting to graduate というよりは、your plan とか your intention（意図）などのほうがすわりがよいでしょう。

STEP 3 解答例と訳

MP3 215

You should look at the bright side of your failure in the exam. None of the professors will ever question your being a good student. Besides, we are all happy to be together with you for another year. My campus life would not be the same without there being someone like you around me.

> 「あなたが試験に失敗したこと」は your failing ... ではなく、failure という名詞形があるので、そちらを使います。
> you are a good student を名詞化すると your being a good student です。
> there is someone like you の名詞形が there being someone like you となります。

Coffee Break

先生、どうやって勉強したのですか？(7)

それは、

☆英語はテストも大切だけど、やっぱり使えてなんぼだ。

☆英語は暗記するほど勉強する以上、そんなにたくさんの本をやるわけにはいかない。

☆読み書き以上に、聞き話すことも「文法」を身に付けるには必要だ。

☆英語そのものには興味がなくていいから、英語の向こう側に何かを見い出すべきだ。

ということでした。

つづく→295ページ

173 rules for successful
communication in English

CHAPTER_8

さまざまな否定の方法でニュアンスを細かく変える

UNIT 36 否定語を使いこなす ～形容詞・代名詞～

日本語では基本的に、「～ない」と最後で否定をするので、英語によくある否定語を使うことが意外と困難です。not と never までなら大丈夫かもしれませんが、それ以外にも多くの「否定語」があることを忘れてはなりません。

RULE 136
「～ない」という否定文を作るとき、No で始める可能性をいつも持っておく

例文 138
I wish I had a dog. No pets are allowed in this apartment building.
（犬がいたらなあ。このマンションではペットが認められていないんだ）

No pets で否定になります。No を使わなかった場合、are not allowed と否定にすることもできますが、この例の no のように形容詞で否定することの可能性を意識できるようになると、構造がバラエティに富むことになります。

RULE 137
No で始めて、as ... as（A）で、最上級の意味を表せる。意味は「（A）ほど」…なものは「ない」、と「ない」で終える

例文 139
No country attracted so many tourists as France in 2001.
（2001 年に、フランスほど多くの観光客を呼び寄せた国はない）

このフランス「ほど」が、おそらく頭に浮かぶでしょうから、そのとき、No country ... as France. という全体像が出せるよう、この例文をしっかり記憶しておきましょう。

なお、否定なので、so ... as で OK ですが、肯定だと as ... as のみ正解です。

例文140

No one around me speaks French as fluently as Nick.
（ニックほどフランス語を流暢に話す人は私の周りにはいません）

人のことを言うときにはNo one / Nobodyを主語にします。No "one"と、単数ですから、speaksと単数形の動詞になります。日本語では最初に「ニックほど」と始まりますが、英語ではこれが最後に来ます。**RULE 008（ABCDEF. の文で最も重要なのはF）**が思い出せるでしょう。

また、これまでに出てきたNo＋［名詞］ですが、名詞は単数形でも複数形でも可能です。ただ、動詞はその名詞の数に合わせます。こう考えると、noも決して使いにくくはありません。

RULE 138 前の発話を受けて、「その中の誰も…ない」なら、None of them ... という否定文を作る

例文141

I made a proposal to those present at the meeting, but none of them agreed, leading to a stalemate in our discussion.
（会議の出席者に私はある提案をしたのだが、誰も賛成しなかったため、議論はこう着状態に陥った）

themで、those (people who were) present（＝出席していた人たち）を受けています。「そのうち誰も～なかった」と言う主語がnone of themです。賛成した人がゼロであることが明確になります。
また、**RULE 087（継続用法の日本語訳：1）～なのに、2）～ということもあって、3）～だから、4）～ですが）**の「接続詞＋代名詞」という関係詞の役割を思い出すと、[but] none of [them]をwhomに代えることもできます。

例文141は、

例文 142

I made a proposal to those present at the meeting, none of whom agreed, leading to a stalemate in our discussion.

(会議の出席者に私はある提案をしたのだが、誰も賛成しなかったため、議論はこう着状態に陥った)

と書き換えられる可能性があることを意識しておきましょう。

10 minutes practice

使いこなし10分練習

詳しい手順は8～10ページを確認してください。

STEP 1 しゃべりたい！言い換えで使いこなそう（単語・句・節）

音声を聞き、cueに従って、どんどん新しい英文を作り出してください。

例文138

MP3 216

No pets are allowed in this apartment building.

a) subleasing
b) door-to-door sales
c) banned
d) this neighborhood

例文139

MP3 217

No country attracted so many tourists as France in 2001.

a) nation
b) was visited by
c) destination
d) as your country

例文141

MP3 218

I made a proposal to those present at the meeting, but none of them agreed.

a) gave a presentation
b) listened
c) expressed my radical idea
d) opposed it

STEP 1 解答と訳

例文138 MP3 216

a) No subleasing is allowed in this apartment building.（このマンションでは、転貸は認められていません）

b) No door-to-door sales are allowed in this apartment building.（このマンションでは、訪問販売は認められていません）

c) No door-to-door sales are banned in this apartment building.（このマンションでは、訪問販売は禁止されていません）

d) No door-to-door sales are banned in this neighborhood.（この地域では、訪問販売は禁止されていません）

例文139 MP3 217

a) No nation attracted so many tourists as France in 2001.（2001年に、フランスほど多くの観光客を魅惑した国はなかった）

b) No nation was visited by so many tourists as France in 2001.（2001年に、フランスほど多くの観光客に訪問された国はなかった）

c) No destination was visited by so many tourists as France in 2001.（2001年に、フランスほど多くの観光客に訪問された目的地はなかった）

d) No destination was visited by so many tourists as your country in 2001.（2001年に、あなたの国ほど多くの観光客に訪問された目的地はなかった）

例文141 MP3 218

a) I gave a presentation to those present at the meeting, but none of them agreed.（私は会議の参加者にプレゼンをしたが、誰も賛成しなかった）

b) I gave a presentation to those present at the meeting, but none of them listened.（私は会議の参加者にプレゼンをしたが、誰も聞いてくれなかった）

c) I expressed my radical idea to those present at the meeting, but none of them listened.（私は会議の参加者に自分の極論を述べたが、誰も聞いてくれなかった）

d) I expressed my radical idea to those present at the meeting, but none of them opposed it.（私は会議の参加者に自分の極論を述べたが、誰もそれに反対しなかった）

STEP 2 もっとしゃべりたい！ 会話のやりとりで使いこなそう

シーン1 MP3 219

日本は外国に行く人は多いけれど、なかなか観光客が来ないと言っている観光学が専門の友人。そうだね、とあなたも賛成します。

Your friend : Statistics show that many Japanese tourists go abroad but fewer tourists come to Japan.

You : True. 毎年、フランスほど多くの観光客を受け入れている国はないそうだよ。

シーン2 MP3 220

人事の会議で、あなたは思い切って、父親の育児休暇について提案してみることにします。

Your co-worker : How did the meeting go?

You : 父親の育児休暇についての自分の考えを表明したんだけど、誰も反対しなかったよ。

STEP 3 ここまで使いこなしたい！ まとまった内容を表現してみよう

天文学の授業で太陽系について学んだことをまとめています。授業のノートを整理して書いてください。

> 水星…太陽系で、水星ほど太陽に近い星はない。かつては最小の惑星だと考えられていた。
> 木星…太陽系で、木星ほど大きな星はない。
> 冥王星…かつては冥王星ほど不思議な惑星はなかった。だから、2006 年に準惑星に分類し直された。

ヒント：水星＝ Mercury ／ 木星＝ Jupiter ／ 冥王星＝ Pluto ／ 分類し直す＝ reclassify

STEP 2 解答例と訳

シーン1　MP3 219

友人　：日本にはこちらから行くほど来てないような気がするけど。

あなた：同感。I hear that no country attracts as many tourists as France every year.

> › no [country / government / nation] など、ニュアンスを考えながら選択しましょう。

シーン2　MP3 220

同僚　：会議はどうだった？

あなた：I expressed my idea about paternal leave, but none of them opposed it.

> › maternal leave が母親の「産休、育休」になります。leave は「休暇」ということです。「休職」を意識すると、leave of absence と言うこともあります。
> › 「それに反対する」は oppose it か、(be) opposed to it になります。to があるのかないのか、に注意しましょう。

STEP 3 解答例と訳

MP3 221

Mercury ... No other planet in the solar system is as close to the sun as Mercury. It was once thought to be the smallest.
Jupiter ... No other planet in the solar system is so large as Jupiter.
Pluto ... No other planet in the solar system used to be as mysterious as Pluto. That is why it was reclassified as a dwarf planet in 2006.

> › 「太陽系で」は in the solar system で OK です。
> › 「考えられている」は is thought to（do)。
> › 「準惑星」は dwarf planet と言います。

UNIT
37 副詞の否定語を使いこなす

今回は、not / never を、もっとニュアンス豊かに表現したいと思います。これらは、見てなんとなくわかっても、学習者が実際に意識的に使うことは少ないようです。しかし、こういうニュアンスをしっかり表すこともコミュニケーションを有意義にするためには重要です。細かいからこそ、気を使いたい項目です。

否定はこのニュアンスこそが大切で、これができないと、白か黒か、でグレーゾーンのないやりとりしかできなくなってしまいます。それでは会話がモノトーンになってしまいます。

RULE 139 「すべて」の前に not を置いて、「すべてというわけではない」という部分否定を表す

例文143

Not everyone agrees with this culture of spending.

(すべての人がこの消費文化に賛成しているわけではありません)

every は「すべての」という意味。これに not をつけると、「すべてではない」になります。このニュアンスを大切にしたいものです。

例文144

I bought three books last week, but I haven't read all of them yet.

(先週は本を 3 冊買ったのだが、まだすべてを読んだわけではない)

all も「すべて」。この前に not を置いて、not ... all の順序になると、「すべてではない」となります。

では今度は、すべてを否定します。

RULE 140 not ... any = no / none となる

例文145

I want to take three courses this semester, but I haven't registered for any of them yet.
（今学期は３つのコースを取りたいのだが、まだどのコースも登録していない）

このnot ... anyの順序がnoになります。I have registered for none of them.と同じです。

RULE

141　２つの場合、not ... bothで「どちらも、というわけではない」の部分否定、not ... eitherで「どちらも、ない」の全否定

例文146

"You cannot cheer for both teams. Which team are you rooting for?" "Well, I am not rooting for either of them, though."
（「どっちも応援するってできないよ。どっちのチームを応援してるの？」「あ、どっちも応援してないけど」）

このnot ... eitherを一言でneitherと表せることから、not ... eitherで「どちらもない」ことが理解できるでしょう。not ... bothは**RULE 139（「すべて」の前にnotを置いて、「すべてというわけではない」という部分否定を表す）**そのものです。

全否定・部分否定の他、副詞としては、rarely、hardlyなどがあります。

RULE

142　程度で否定をするのはhardly（ほとんど〜ない）

例文147

I could hardly understand the lecture. It was given in French!

（講義はほとんどわからなかったよ。フランス語だったんだ）

このhardlyは、わかった程度が10%とか、ほとんどなかった、という意味で使われます。

RULE 143 頻度で否定をするのは rarely / seldom（めったに～ない）

ただ、日本語では「ほとんど～ない」で頻度を表すこともあるので、hardlyと混同しないようにしましょう。あくまで回数を表すのがrarely / seldomで、程度を表すのがhardlyです。

例文148

In the dry season, it rarely rains in this region of the Northern Territory.

（乾季には、ノーザンテリトリーのこの地域では、めったに雨が降りません）

オーストラリアの北部の地域を指している例文です。雨の日の回数がないことを述べています。この日本語では、「めったに」⇔「ほとんど」、が交換できますが、英語ではrarelyの代わりにhardlyを使うわけにはいきません。

10 minutes practice

使いこなし10分練習

詳しい手順は8～10ページを確認してください。

STEP 1 しゃべりたい！ 言い換えで使いこなそう（単語・句・節）

音声を聞き、cue に従って、どんどん新しい英文を作り出してください。

例文144 MP3 222

I bought three books last week, but I haven't read all of them yet.

a）tennis rackets / used

b）T-shirts / worn

c）apples / eaten

例文145 MP3 223

I want to take three courses this semester, but I haven't registered for any of them yet.

a）apply for three part-time jobs / applied for

b）learn three languages / started

c）talk to three professors / talked to

例文146 MP3 224

I'm not rooting for either of the two teams.

a）universities

b）companies

c）countries

例文147 MP3 225

I could hardly understand the lecture.

a）what the professor said

b) what the anchorperson said

c) the instruction manual

STEP 1 解答と訳

例文144 MP3 222

a) I bought three tennis rackets last week, but I haven't used all of them yet.（先週テニスラケットを３本買ったが、どれもまだ使っていない）

b) I bought three T-shirts last week, but I haven't worn all of them yet.（先週Ｔシャツを３着買ったが、どれもまだ着ていない）

c) I bought three apples last week, but I haven't eaten all of them yet.（先週リンゴを３個買ったが、どれもまだ食べていない）

例文145 MP3 223

a) I want to apply for three part-time jobs this semester, but I haven't applied for any of them yet.（今学期、３つのバイトに応募したいけれど、まだどれにも応募していない）

b) I want to learn three languages this semester, but I haven't started any of them yet.（今学期、３つの言語を学びたいのだけど、まだどれも始めていない）

c) I want to talk to three professors this semester, but I haven't talked to any of them yet.（今学期、３人の教授と話したいのだけど、まだ誰にも話していない）

例文146 MP3 224

a) I'm not rooting for either of the two universities.（私は２つの大学のどちらも応援していない）

b) I'm not rooting for either of the two companies.（私は２つの会社のどちらも応援していない）

c) I'm not rooting for either of the two countries.（私は２つの国のどちらも応援していない）

例文147 MP3 225

a) I could hardly understand what the professor said.（私は教授の言ったことがほとんどわからなかった）

b) I could hardly understand what the anchorperson said.（私はニュースキャスターが言ったことがほとんどわからなかった）

c) I could hardly understand the instruction manual.（私は教師用マニュアルに書いてあることがほとんどわからなかった）

STEP 2 もっとしゃべりたい！ 会話のやりとりで使いこなそう

シーン1 MP3 226

スポイトを発明した人とシャーペンを発明した人とを比較しようとしていますが、あなたはどうやら関心がない様子です。

Classmate : You don't look interested.

You : 誤解しないで。私はどちらの発明家もバカにしてないから。

シーン2 MP3 227

中東和平に向けた協議が再開されるという話を題材に、授業で議論をしています。

Classmate : I am very positive that they are very close to peace.

You : But, この会議だけですべての問題が解決されるわけでもないよ。

STEP 3 ここまで使いこなしたい！ まとまった内容を表現してみよう

小学校での英語教育は必要なのか、と意見を求められたあなたは複雑な思いを述べています。

「まず言いたいのは、日本人みんなが英語をしゃべる必要はないということです。外国でも、必ずしも英語が通じるわけではないです。英語がほとんど話されない国もあります。かといって、外国語は必要ないと思う人もいないでしょう」

ヒント：まず＝ first of all ／ 必要がある＝ have to ／ 必ずしも～ない＝ not always ／ 通じる＝ make yourself understood in ～ ／ ～な国もある＝ there are countries where ～ ／ かといって＝ at the same time

STEP 2 解答例と訳

シーン1 MP3 226

クラスメイト：興味なさそうだね。

あなた　　　：Don't get me wrong. I don't make a fool of either inventor.

> 最初の「誤解しないで」の Don't get me wrong. もよく使われる表現です。
> 「バカにする」は make a fool of としました。

シーン2 MP3 227

クラスメイト：平和も近いね。

あなた　　　：でも、this conference alone will not solve all the problems.

> 「すべてが～わけではない」、だから部分否定。
> 「～だけで」は、～ alone と表現します。
> 最初の I'm positive ～は自信のあるときの表現です。

STEP 3 解答例と訳

MP3 228

First of all, I would like to say that not all the Japanese people have to speak English. In a foreign country, you can not always make yourself understood in English. There are countries where English is rarely, if ever, spoken. At the same time nobody would think that no foreign language is necessary.

> 部分否定のところ、しっかり意識できたでしょうか。
> not always で「必ずしも～ない」です。
> 今回は、「ほとんどない」を頻度と考え、rarely（めったにない）＋ if ever（あるとしても）という組み合わせを使いました。UNIT 42 を参照してください。
> no foreign language の no の後ろには単数形も複数形も OK です。それに合わせて続く be 動詞も変えます。今回は is になりました。
> 最後の nobody would の would は仮定法で「～でしょう」と断定を避けています。

UNIT 38 何げない文を輝かせる　否定語の特別ルール

no、never、hardly、only など、否定語には特殊な用法があります。これらは知らなくても、別の方法で同じことが表現できるから特に困らない、というもの。ある意味、不要な文法事項かもしれません。

でも、それを言うなら、関係詞も接続詞＋代名詞で置き換えられるのだから不要、接続詞もピリオドを打てば使えないので不要…となって、表現のバラエティがどんどん失われてしまいます。とても「文法を使いこなしている」とは言えない状態です。こういう一見不要そうな項目こそが、あなたの英語を輝かせることになるわけです。

RULE 144 It is not until ～ that ...（～して初めて…する）は、not until の強調構文

例文 149

It was not until the 1960's that the debate was settled.

（1960 年代になって初めて、その問題は解決した）

これは not until the 1960's が強調されています。**RULE 022（It is【強調したい部分】that【残りの部分】で強調できる）**を思い出しましょう。つまり、元に戻すと、

The debate was［not］settled［until the 1960's］.

となります。

今度は、強調構文を使わないで強調してみます。それは、「あえて語順を変える」という方法です。

例文 150

Not until I started to live in New York did I realize the importance of English.

（ニューヨークに住み始めるまでは、英語の重要性をわかっていなかった）

これは本来強調される部分［not until I started to live in New York］をあえて

前に出しているわけです。その次の did I realize の語順にもルールがあります。

RULE 145 否定語文頭⇒後ろは疑問文の語順になる。意味は同じ

I realized the importance of English. であるはずが、同じ意味のまま、did I realize ... となります。これは例文 150 で Not ... と、本来後ろにあるはずの否定語が、あえて前に出てきたことに伴うものです。

このルールの適用で、知っている表現にスパイスが加わります。

例文 151

Not only does the school cafeteria offer a variety of international foods, but it also provides a good opportunity to exchange information among students.
（カフェテリアはさまざまな国際的な食事を提供するだけではなく、学生たちの間での情報交換の機会も提供している）

not only A but also B は「A だけでなく B も」ということですが、not only は否定語になりますから、これを前に出すことで、the school cafeteria offers → does the school cafeteria offer と語順が変わります。

このルールを最大限に活用した構文が次のルールです。

RULE 146 No sooner had I (done) ... than ～「…するやいなや～した」は否定語文頭のルールの応用形

もともとは、I had left home [no sooner] than it started to rain.（私が外出したのは、雨が降り出したのよりも決して早くなかった）となります。この日本語は不自然ですが、英語では成り立ちます。

RULE 026（過去形の動詞が 2 つあって、その順序を明確にしたいとき、先に起きたほうを過去完了形にする）によれば、過去完了になっている had left のほうが先に起こった出来事ですから、「家を出た→すぐに→雨が降り出した」とな

ります。soonerと比較級ですから、thanが必要です。

例文152
No sooner had I left home than it started to rain.
（私が家を出るとすぐに、雨が降り出した）

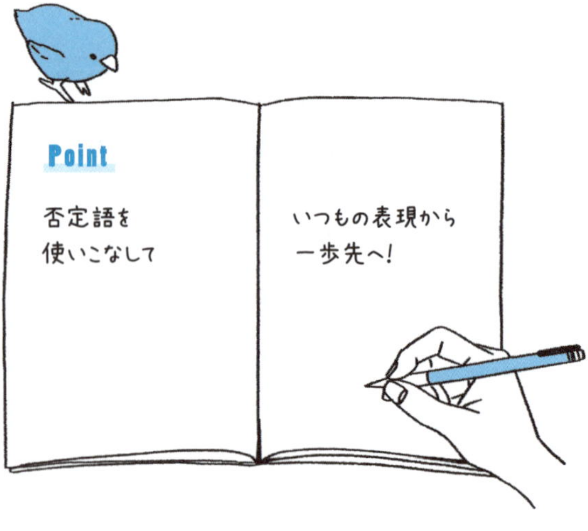
Point
否定語を
使いこなして
いつもの表現から
一歩先へ!

10 minutes practice

使いこなし10分練習

詳しい手順は8～10ページを確認してください。

STEP 1 しゃべりたい！言い換えで使いこなそう（単語・句・節）

音声を聞き、cueに従って、どんどん新しい英文を作り出してください。

例文149

MP3 229

It was not until the 1960's that the debate was settled.

a) a new discovery was made in the 1960's
b) the debate was rekindled
c) a new discovery was reported in the 1960's
d) the drug was approved by the FDA

例文150

MP3 230

Not until I started to live in New York did I realize the importance of English.

a) a foreign language
b) cross-cultural communication in business
c) work for a multinational corporation
d) confidence in myself

例文152

MP3 231

No sooner had I left home than it started to rain.

a) finished answering all the questions
b) than the bell rang
c) arrived at the test center
d) than the gate was closed

STEP 1 解答と訳

例文149 MP3 229

a) It was not until a new discovery was made in the 1960's that the debate was settled.（1960年代に新しい発見がされて初めて、その問題は解決した）

b) It was not until a new discovery was made in the 1960's that the debate was rekindled.（1960年代に新しい発見がされて初めて、その問題が再燃した）

c) It was not until a new discovery was reported in the 1960's that the debate was rekindled.（1960年代に新しい発見が報告されて初めて、その問題が再燃した）

d) It was not until a new discovery was reported in the 1960's that the drug was approved by the FDA.（1960年代に新しい発見が報告されて初めて、その薬がFDA〔食品医薬品局〕に認可された）

例文150 MP3 230

a) Not until I started to live in New York did I realize the importance of a foreign language.（ニューヨークに住み始めて、やっと外国語の重要性がわかった）

b) Not until I started to live in New York did I realize the importance of cross-cultural communication in business.（ニューヨークに住み始めて、やっと仕事での異文化間コミュニケーションの重要性がわかった）

c) Not until I started to work for a multinational corporation did I realize the importance of cross-cultural communication in business.（多国籍企業で働き始めて、やっと、仕事での異文化間コミュニケーションの重要性がわかった）

d) Not until I started to work for a multinational corporation did I realize the importance of confidence in myself.（多国籍企業で働き始めて、やっと自分に自信を持つことの重要性がわかった）

例文152 MP3 231

a) No sooner had I finished answering all the questions than it started to rain.（すべての問題に答え終えるやいなや、雨が降り出した）

b) No sooner had I finished answering all the questions than the bell rang.（すべての問題に答え終えるやいなや、ベルが鳴った）

c) No sooner had I arrived at the test center than the bell rang.（テスト会場に着くやいなや、ベルが鳴った）

d) No sooner had I arrived at the test center than the gate was closed.（テスト会場に着くやいなや、門が閉まった）

STEP 2 もっとしゃべりたい！ 会話のやりとりで使いこなそう

シーン1 MP3 232

これまであまり英語を話す意識がなかったあなたも、さすがにニューヨークでは英語を話すことになります。

Your co-worker : How's it going? So far, so good?

You : Everything is fine except English. ニューヨークに住み始めて、やっと英語の重要性がわかりました。

シーン2 MP3 233

テスト当日に寝坊をしたあなたは、会場になんとか間に合いました。

Your friend : I thought you were late. I looked around, but couldn't find you.

You : I was almost late. テスト会場に着くや否や、ベルが鳴ったから。

STEP 3 ここまで使いこなしたい！ まとまった内容を表現してみよう

大学での Campus Tour でガイドを担当しているあなたは、自分の大学を紹介しています。

「カフェテリアはさまざまな国際的な食事を提供するだけではなく、学生たちの間での情報交換の機会も提供しています。アメリカの典型的な食事だけでなく、エスニックな食事も食べることができます。さて、図書館に移動しましょう。図書館は、本を借りるだけでなく、関心のあるトピックのリサーチをする場所でもあります」

STEP 2 解答例と訳

シーン1 MP3 232

同僚　：調子はどう？ 今のところ順調かな？

あなた：英語以外は順調です。It was not until I started to live in New York that I realized the importance of English.

> › So far, so good. は「これまでのところ、順調です」というフレーズです。
> › 強調構文で表現してみました。
> › realize the importance of ... は非常に使えるフレーズです。

シーン2 MP3 233

友人　：遅刻したのかと思ったよ。見渡したけれど、君いなかったから。

あなた：遅刻ギリギリだったよ。No sooner had I arrived at the test center than the bell rang.

> › almost late で「ほとんど遅刻しそうだった」ということです。
> › No sooner 〜の次には than が来ることを意識しましょう。sooner と、あくまで比較級なので than という仕組みです。

STEP 3 解答例と訳

MP3 234

Not only does the school cafeteria offer a variety of international foods, but it also provides a good opportunity to exchange information among students. You can eat not just typical American dishes, but ethnic foods as well. Now shall we move to the library? At the library, not only can you borrow books, but you can do research on topics of interest.

> › 「〜だけでなく…も」をいろいろなバージョンで使っていますので、確認してください。
> › こういう Campus Tour が、進学希望の高校生などに対して、実際の学生を guide として実施されています。

Coffee Break

先生、どうやって勉強したのですか？(8)

私の場合は、文脈などがあったほうがすんなりと英語が学べた気がします。けれど、受験などで、効果的・効率的に身につけたい人は、それなりの受験技術や、公式などを集中して覚えるのもよいかもしれません。本書で、その両方を達成しようと試みました。

つづく → 324 ページ

CHAPTER_9

さまざまな形式で質問をする

UNIT
39 付加疑問文

これまで、コミュニケーションのための文法をたくさん練習してきましたが、ここでは、その中でも、大切な「質問のしかた」をまとめておきましょう。意思疎通をするにあたって、質問を効果的にできる、という技術はどれだけ練習しても十分とは言えないほど大切です。

RULE 147 **付加疑問文を上がり調子に言うと質問、下がり調子で言うと確認**

例文153

Oh, Professor White? His statistics course is difficult, isn't it?
（ああ、ホワイト先生ね。先生の統計学のコースは大変ですよね）

この例文も、上がり調子だと疑問文になります。「大変だって言うけれど、ほんとですか？」というニュアンスになります。下がり調子だと、「大変だと思います。そうですよね」とニュアンスが変わります。

今回は音声を聞いていただくと、下がっています（巻末「例文リスト」音声参照）。このイントネーションで、「自分の発言に同意を求める」ことができるわけです。逆に、こう言われたときには、「ですよねー」という感じで受けておくとよいでしょう。Yes の方向で話を展開すると、話のリズムがよくなるでしょう。

付加疑問文については、もう１つあって、上がり調子にすると、「本当に質問している」ことになります。このイントネーションこそが、疑問文を決定すると思っておくべきでしょう。

例文154

I'm thinking about getting a driver's license in America. It's not as expensive as in Japan, is it?
（免許証をアメリカで取ろうと思っているんですが、日本ほど高くないですか？）

この人は、アメリカの車の免許が日本より安い、とどこかで聞いたのでしょう。その真偽を確かめたい、という気持ちがあります。けっこう自信があれば、下がり調子になるところです。

このイントネーションのルールは、もっと一般化できます。

RULE **148 平叙文でも、上がり調子にすると、質問ができる**

例文155
So you are from India? I can tell by the way you emphasize the importance of math and yoga.
(ってことはインド出身なのですか？ いや、数学とかヨガが大切と強調されるからわかるんです)

これを知ることで、特にbe動詞を前に出す、などの操作をしなくても、質問ができるようになります。これは、会話のスピードを上げるためには、とても意義のあることです。操作が少しでも単純になれば、スピードも上がります。

RULE **149 質問や確認は、相手にもできるし、自分にもできる**

例文156
This is what you were talking about!
(これが君が言ってたことか！)

このように、相手から話を聞いていたときには、ピンとこなかったのに、あるきっかけがあって初めてわかる、ということがあるでしょう。そのときに、この例文のように言うわけです。音声をよく聞いて、イントネーションを確認しておいてください。「なるほど！」と思ったときのイントネーションになります。

実はこのイントネーションにはいろんなバリエーションがあります。今後の勉強の中で、それらに気づいてもらえればと思います。

10 minutes practice 使いこなし10分練習

>詳しい手順は8～10ページを確認してください。

STEP 1 しゃべりたい！ 言い換えで使いこなそう（単語・句・節）

音声を聞き、cue に従って、どんどん新しい英文を作り出してください。

例文 153 MP3 235

Oh, Professor White? His statistics course is difficult, isn't it?

a) tough
b) is not that
c) assignments are
d) time-consuming

例文 154 MP3 236

I'm thinking about getting a driver's license in America. It's not as expensive as in Japan, is it?

a) a house
b) small
c) a shirt
d) I'm planning to

例文 155 MP3 237

So you are from India? I can tell by the way you emphasize the importance of math and yoga.

a) a South Asian country
b) the food you like
c) Thailand
d) the way you respect Buddhist monks

STEP 1 解答と訳

例文153 MP3 235

a) Oh, Professor White? His statistics course is tough, isn't it?（ああ、ホワイト先生ですか。彼の統計学のコースは、厳しいですよね）

b) Oh, Professor White? His statistics course is not that tough, is it?（ああ、ホワイト先生ですか。彼の統計学のコースは、それほど厳しくないですよね）

c) Oh, Professor White? His assignments are not that tough, are they?（ああ、ホワイト先生ですか。彼の課題はそれほど厳しくないですよね）

d) Oh, Professor White? His assignments are time-consuming, aren't they?（ああ、ホワイト先生ですか。彼の課題は時間がかかりますよね）

例文154 MP3 236

a) I'm thinking about getting a house in America. It's not as expensive as in Japan, is it?（アメリカで家を買おうと思っているんですが、日本ほど高くないですよね）

b) I'm thinking about getting a house in America. It's not as small as in Japan, is it?（アメリカで家を買おうと思っているんですが、日本ほど小さくないですよね）

c) I'm thinking about getting a shirt in America. It's not as small as in Japan, is it?（アメリカでシャツを買おうと思っているんですが、日本ほど小さくないですよね）

d) I'm planning to get a shirt in America. It's not as small as in Japan, is it?（アメリカでシャツを買おうと思っているんですが、日本ほど小さくないですよね）

例文155 MP3 237

a) So you are from a South Asian country? I can tell by the way you emphasize the importance of math and yoga.（ということは、南アジア出身ですか。数学とヨガが大切とおっしゃるのでわかります）

b) So you are from a South Asian country? I can tell by the food you like.（ということは、南アジア出身ですか。お好きな食べ物でわかります）

c) So you are from Thailand? I can tell by the food you like.（ということは、タイ出身ですか。お好きな食べ物でわかります）

d) So you are from Thailand? I can tell by the way you respect Buddhist monks.（ということは、タイ出身ですか。お坊さんへの尊敬の仕方でわかります）

STEP 2 もっとしゃべりたい！ 会話のやりとりで使いこなそう

シーン1 MP3 238

統計学が 1 年生の必須コースなのですが、相当難しいので困っている友人。原因は…。

Your friend : It's a required course. What's worse, Professor White is in charge.

You : ああ、ホワイト先生か…。彼の統計学のコースは厳しいですよね。

シーン2 MP3 239

掛け算の九九を 12×12 くらいまで記憶している友人がいたら…。

Your friend : That's what I learned in elementary school.

You : 君ってインド出身じゃない？ 数学の話でわかるよ。

STEP 3 ここまで使いこなしたい！ まとまった内容を表現してみよう

転勤になるかもという話を、ロンドン支社に勤務中の同僚にスカイプしています。

> 「どうやら、パリ支社に転勤になりそうなんだよ。パリに行ったことあるだろう？ もう少し教えてくれるかな。冬は寒いよね。たぶん、フランス語の勉強を始めたほうがいいかな、なんて。今はフランスでも英語を話す人増えてるかな。いや〜、準備不足でね、で思ったんだ。これが、君がロンドンに行ってくれと言われたときに感じてたことかって」

STEP 2 解答例と訳

シーン1 MP3 238

友人　：これは必須科目なんです。しかも担当がホワイト先生っていう。

あなた：Oh, professor White! His statistics course is hard, isn't it?

> この付加疑問文は、下がり調子で言うべきでしょう。質問をしているわけではないですから。

シーン2 MP3 239

友人　：これって、小学校で習ったよ。

あなた：You are from India, aren't you? I can tell by the way you talk about math.

> この付加疑問文は、もしかしたら上がり調子かもしれません。自信がなければ、質問という感じでしょうから、上がり調子です。自信がないときには、I can tell（わかります）の代わりに、I get this impression because you talk about math. などになると思います。

STEP 3 解答例と訳

MP3 240

I have an impression that I will be assigned to the Paris branch. You've been to Paris, haven't you? Let me know more about it. It's cold in winter, isn't it? Maybe I should start to learn French? More people in France speak English now? I am not well prepared, and I thought ... this is what you were talking about when you were asked to go to London.

> assign で「配属する」です。
> わざわざ疑問文にしない疑問文になります。電話で話す状況なので、特にそのへんのルールが緩やかになっています。
> 「ロンドンに行けと言われたけれど、準備不足だなあ…」とこの同僚も言っていた、ということでしょう。最後は、自分に確認しています。

UNIT 40 否定疑問文とその答え

付加疑問文と同じように、don't you? のような疑問文があります。「〜だったんじゃないの？」「〜ではないのですか？」など、使う頻度も非常に高い疑問文で、これを否定疑問文と言ってもよいでしょう。

RULE 150 否定文で疑問文を作る⇒同意を得たり、驚きを表す機能がある

「〜じゃないですかぁ？」とするのは、知らないから尋ねているのではありません。相手と自分の共通点を確認したり、相手から同意を得て、同じスタンスで話をしたいわけです。あるいは、相手にそれを思い出させているとも言えます。また、「〜じゃないんですか ?!」だと、自分の驚きを伝えることもできます。

例文157

Don't you have to take that course this semester?
（今学期にそのコースは取らないといけないわけでしょ？）

どうして取りたくないなんて言ってるの？ という含みがあったり、だから毎週その曜日にバイトは無理だね。ということを含んでいるかもしれません。このように、単純な質問（Do you have to 〜？「〜しなければならないですか？」）なら、普通に尋ねているのですが、それとは趣が異なります。

次に重要なのは、これらのイレギュラーな疑問文にどのように反応するか、ということですが、これには、①機械的な返答と、②意味を伝える返答、があります。

RULE 151 どんな形式の質問でも、I do ／ am が続くのなら Yes と答え、I don't ／ am not. が続くのなら No と答える

RULE 152 英語には No, I am. ／ Yes, I'm not. という組み合わせはない

この2つのルールで、①機械的な返答は解決します。

例文158

"Don't you like Japanese food?" "Yes, I do!"
(「和食が好きじゃないんですか？」「好きですよ！」)

日本語では、「いいえ、好きです」となるところですが、**RULE 151** があるので、Yes, ときたら、I do 以外にありません。まずはI do になるのか I don't になるのかを考えて Yes – No の選択をしてもよいでしょう。

次に②意味を伝える返答の例を見てみましょう。

例文159

"Didn't you learn basic Spanish grammar last semester?"
"It doesn't have to do with this!"
(「前学期に基礎スペイン語文法を学ばなかったの？」「それとこれとは無関係だよ」)

これは相手が自分の無知を批判しているように聞こえたので、その意味を汲みとって、答えているわけです。この場合に、Yes, I did. と「だけ」答えても、会話は成立しないかもしれません。

最後に、否定の疑問文に疑問詞がついたバージョンを見ましょう。

例文160

"Why didn't you call the police?" "Did I have to? Nobody was injured!"
(「どうして警察を呼ばなかったの？」「そうなの？ けが人はいなかったよ」)

Why don't you see a doctor?（お医者さんに行ってはどうですか？）という文で記憶されていると思いますが、これは、①普通の否定疑問文として「どうして医者に行かないのですか？」という場合と、②レトリカルな質問として、「行ったらどうですか？」という場合があるうちの、②の意味でした。例文160は①の場合です。

このように、英語には多くの場合、①と②があります。どちらが使われているのかを瞬時に理解しないと、答え方に影響が出るわけです。

Point
質問のタイプを
瞬間的に
把握して
Yes / Noを
答える準備は
OKでしょうか?

10 minutes practice

使いこなし10分練習

詳しい手順は 8 ～ 10 ページを確認してください。

STEP 1 しゃべりたい！ 言い換えで使いこなそう(単語・句・節)

1. 音声を聞き、cue に従って、どんどん新しい英文を作り出してください。

例文157

MP3 241

Don't you have to take that course this semester?

a) register for

b) Didn't you

c) Aren't you required to

d) pass

2. 質問に Yes で答えてください。

MP3 242

a) Don't you like Japanese food?

b) Doesn't he speak French?

c) Isn't today a national holiday?

d) Haven't you done this before?

3. 質問に No で答えてください。

MP3 243

a) Didn't you learn basic Spanish grammar last semester?

b) Wasn't there a blackout last night?

c) Aren't we going to see a movie?

d) Isn't that the show you are talking about?

STEP 1 解答と訳

1. 例文157 MP3 241

a) Don't you have to register for that course this semester?（今学期、そのコースに登録しなければならないのではないですか）

b) Didn't you have to register for that course this semester?（今学期、そのコースに登録しなければならなかったのではないですか）

c) Aren't you required to register for that course this semester?（今学期、そのコースに登録しなければならないのではないですか）

d) Aren't you required to pass that course this semester?（今学期、そのコースに合格しなければならないのではないですか）

2. MP3 242

a) Don't you like Japanese food? – Yes, I do.（「和食は好きではないのですか」「いいえ、好きです」）

b) Doesn't he speak French? – Yes, he does.（「彼はフランス語は話さないのですか」「いいえ、話します」）

c) Isn't today a national holiday? – Yes, it is.（「今日は祝日ではないのですか」「いいえ、祝日です」）

d) Haven't you done this before? – Yes, I have.（「以前にやったことはないのですか」「いいえ、あります」）

3. MP3 243

a) Didn't you learn basic Spanish grammar last semester? – No, I didn't.（「先学期にスペイン語基礎文法を習ったんじゃないですか」「いいえ、習ってません」）

b) Wasn't there a blackout last night? – No, there wasn't.（「昨夜、停電がありませんでしたか」「はい、ありませんでした」）

c) Aren't we going to see a movie? – No, we aren't.（「映画を見ないんですか」「はい、見ません」）

d) Isn't that the show you are talking about? – No, it isn't.（「あれが、話していたショーではないですか」「いいえ、違います」）

STEP 2 もっとしゃべりたい！ 会話のやりとりで使いこなそう

シーン1 MP3 244

ニューヨークで、知り合いのアメリカ人と食事をするのですが、あなたが和食を選ばないのを見て、質問をされます。

Your American friend : Don't you like Japanese food?

You : いいえ、好きです。I was looking for something I could eat only here.

シーン2 MP3 245

どうも余裕たっぷりのルームメイトは、もしかしたら、期限を勘違いしているのかもしれません。

Roommate : Are you coming to the Movie Night tomorrow? Watching a movie is my favorite way of spending time on weekends.

You : 土曜日までにレポートを提出することになってるんじゃないの？

STEP 3 ここまで使いこなしたい！ まとまった内容を表現してみよう

Japanese Tea Ceremony の会を主催する予定のあなたは、そのウェブサイトの FAQ（よくある質問コーナー）を作成中です。

Q. 最初から最後までいなければなりませんか。
A. お茶会の最初から最後までいるのが望ましいです。

Q. 着物を着ないといけませんか。
A. いいえ、その必要はありません。平服でお越しください。

Q. あらかじめ予約をしなければなりませんか。
A. はい。あらかじめ予約されることをお勧めします。

STEP 2 解答例と訳

シーン1 MP3 244

アメリカ人の友人：和食はお好きではないのですか。
あなた：Yes, I do! ここでしか食べられないものを探していたんです。

> もし No, I don't. というと、「いや〜、そうなんですよ」という感じでしょう。それなりのイントネーションになります。
> 相手が誤解をしているようなので、ぜひとも、このように一言説明をしておくほうがよいでしょう。

シーン2 MP3 245

ルームメイト：明日、「ムービー・ナイト」に行くかい？映画を見るのは、僕が最も好きな週末の過ごし方なんだ。
あなた：Aren't you supposed to hand in the paper by Saturday?

> Movie Night は、映画鑑賞会のようなもので、Game Night とかいろいろな会があります。
> 土曜日「までに」は by で表すのでした。
> be supposed to (do) で「〜することになっている」です。

STEP 3 解答例と訳

MP3 246

Q. Do I have to stay from the beginning to the end?
A. It would be better to stay throughout the ceremony.

Q. Don't I have to wear a kimono?
A. No, you don't have to. Please come in casual dress.

Q. Don't I have to make a reservation in advance?
A. Yes. You are kindly advised to make a reservation.

> よくある質問ということで、主語を I にしてみました。I を主語にする質問も普通にできるわけです。それぞれ、①質問に対して Yes / No を使わずに答える場合、②否定疑問文に No で答える場合、③否定疑問文に Yes で答える場合、となっています。

UNIT

41 平叙文の発話に反応するための関係詞

相手が何か言ったとき、すべてスルーでは、会話のとっかかりがありませんし、相手が質問をしないかぎり、自分は反応してはならない、ということもありません。相手の言葉に積極的に反応できるようになると、話も弾みます。

RULE 153 **相手の述べた最後の名詞を**
関係代名詞 which で受けて情報を追加する

例文 161

"My professor advised me to read *The old man and the sea*." "Which is actually required reading for all the literature majors."

(「先生が『老人と海』を読んだ方がいいとおっしゃってね」「それって、文学部の必須図書だよ」)

この which の継続用法は、直前の名詞の『老人と海』を受けています。このように、相手が述べた最後の名詞を which で受けると、2 人の話者で、1 つの英文を作ることができます。話す分には、これで問題ありません。こんなことができるようになるためにも、まずは、第 5 章の練習をしっかりこなしてください。

RULE 154 **「That's ＋関係副詞・関係代名詞（what)」で**
相手の平叙文の発話を受けて、
5W1H を確認したり質問できる

例文 162

"The library is being renovated." "That's why this coffee shop is crowded with students!"

(「図書館が改修中なんだ」「だからこのコーヒーショップは学生で混雑しているわけか」)

That's why ... はおなじみのフレーズかもしれませんが、これを使うには、相手の発話が不可欠です。それをThatで受けることが前提です。そうしてwhy「理由」を確認するわけです。このwhyは後ろに完全な文が続いています。したがって関係「副詞」となります。(the reason) why ... と先行詞が省略されていると考えてよいでしょう。

このwhy以外の関係副詞も見てみましょう。

例文163

"I watched the same drama over and over again." "Is that how you have learned English?"
(「自分は同じドラマを何度も何度も見たよ」「そうやって英語を学んだの？」)

That's（関係副詞）... で受けるので、それと同様に、Is that（関係副詞）...?にすると、前の発言を受けて質問ができます。しかも今回は、howになります。「～な方法」という意味で使われます。(the way) how ... という関係です。ただし、ダブりは避けたほうがよさそうです。That's the way how ... というのはダブりです。

次はThat's (the time) whenとして「時」を受けてみます。

例文164

"I came to Oregon last year, but still I often find it hard to adapt to the new culture." "That's when you are acquiring the local language best, I've heard."
(「オレゴンには去年来たんだけど、今でもよく新しい文化に適応するのが難しいと感じます」「そのときこそ、現地の言語を最もよく習得しているんだと聞いたことがあります」)

このように、「That's＋関係副詞」で、相手の言ったことをいったん自分の言葉に置き換えることもできるわけです。「文化に適応するのが困難」を「言語を最もよく習得している」と言い換えています。

RULE 155

相手の言葉を「受ける」とは、自分の理解で「言い換える」ことにもなる

10 minutes practice 使いこなし10分練習

＞詳しい手順は8～10ページを確認してください。

STEP 1 しゃべりたい！言い換えで使いこなそう（単語・句・節）

音声を聞き、cue に従って、どんどん新しい英文を作り出してください。

例文161 MP3 247

"My professor advised me to read *The old man and the sea.*" "Which is actually required reading for all the literature majors."

a）all the freshmen
b）recommended by Professor White
c）I read way back when I was in the fifth grade
d）I've just borrowed from the library

例文162 MP3 248

"The library is being renovated." "That's why this coffee shop is crowded with students!"

a）why you are studying in the dormitory
b）what the notice board said last week
c）where a new laboratory will be added.
d）why the tuition will be raised, isn't it?

例文163 MP3 249

"I watched the same drama over and over again." "Is that how you have learned English?"

a）the way you have learned English
b）the way you enjoy a drama
c）why you know so much about the drama
d）how you learn acting

STEP 1 解答と訳

例文161 MP3 247

a) 〈略〉"Which is actually required reading for all the freshmen."(「それって、実は1年生全員の必修課題だよ」)

b) 〈略〉"Which is recommended by Professor White."(「それって、ホワイト先生が推薦しているよ」)

c) 〈略〉"Which I read way back when I was in the fifth grade."(「それって、ずっと昔、5年生のころ読んだな」)

d) 〈略〉"Which I've just borrowed from the library."(「それって、ちょうど図書館から借りてきた」)

例文162 MP3 248

a) 〈略〉"That's why you are studying in the dormitory."(「だから君が寮で勉強しているんだ」)

b) 〈略〉"That's what the notice board said last week."(「それが先週、告知板に書いていたことか」)

c) 〈略〉"That's where a new laboratory will be added."(「そこに新しい実験室が追加されるのか」)

d) 〈略〉"That's why the tuition will be raised, isn't it?"(「それで授業料が上がるんですね」)

例文163 MP3 249

a) 〈略〉"Is that the way you have learned English?"(「それが英語を学んだ方法ですか」)

b) 〈略〉"Is that the way you enjoy a drama?"(「それがドラマを鑑賞する方法ですか」)

c) 〈略〉"Is that why you know so much about the drama?"(「それでそのドラマのことをそんなによく知ってるんですか」)

d) 〈略〉"Is that how you learn acting?"(「それが演技を学ぶ方法ですか」)

STEP 2 もっとしゃべりたい！ 会話のやりとりで使いこなそう

シーン1 MP3 250

中南米を旅行したあなたの友人が、現地で食べた食べ物の話をしています。

Your friend : At this grocery store, I found something interesting and ate it. That was dragon fruit.

You : それって、沖縄にもありましたよ。

ヒント：「あります」にはいろいろな表現方法がありますが、available もその 1 つです。

シーン2 MP3 251

新しい言語を学ぼうとするとき、いろんな方法があるようです。

Professor : I first learned the history of the country whose language I wanted to learn.

You : それが外国語の習得法ですか？

STEP 3 ここまで使いこなしたい！ まとまった内容を表現してみよう

大学の書店が大賑わいです。今 50％オフのセール中だと理由を聞いた大学院生のあなたは、すかさず感想を述べることにします。

「だからかあ、書店がこんなに学生だらけっていうのは。でもわかるよ。教科書高いしね。大学生にとって読書っていうのは、野球でいうと素振りみたいなものだよ。本がいつも今日くらいの値段だといいのだけどね」

ヒント：例えているところは A is to B what C is to D.（A と B の関係は、C と D の関係と同じだ）という構文を使ってみましょう。

STEP 2 解答例と訳

シーン1 MP3 250

友人　：食料品店で、面白いものを見つけて食べてみたんだ。ドラゴンフルーツっていうんだけど。

あなた：Which was also available in Okinawa.

> › フルーツは基本、数えないです。fruit のままです。
> › 前のドラゴンフルーツを受けて、which とします。
> › available で、「手に入る」という意味です。

シーン2 MP3 251

教授　：私は、最初に、学びたい言語を話す国の歴史を学ぶことにしているんだ。

あなた：Is that how you learn a foreign language?

> › whose language の whose は「その国の」（the country's）を表しています。the country = it = which で、the country's = its = whose となるわけです。

STEP 3 解答例と訳

MP3 252

That's why this bookshop is so crowded with students! I can understand it, though. Textbooks are a bit too expensive. Reading is to a university student what swinging a bat is to a baseball player. I wish books were always as inexpensive as they are today.

> › 「読書と大学生の関係は、バットを振ることと野球選手の関係に等しい」というのが直訳です。
> › I wish の後ろの that 節は、過去形にして、「仮定法過去」で、「〜だといいのだが」となります。

UNIT

42 挿入

挿入と見られる現象は、「あ、忘れた！」というときに突っ込むのではなくて、意図的に挿入することもあれば、ルールとして挿入を余儀なくされることもあります。いろいろな挿入の方法を用いて、豊かな表現力を養い、言い忘れても、すぐに情報を追加できる余裕を持ちたいものです。

RULE **156** **疑問文（間接疑問文）を忘れた場合には、最後に , don't you think? とする**

例文 165

This movie is worth seeing, don't you think?

（この映画は見る価値がある…と思いません？）

この例文では、このように言いつつも、「そう思っているのは自分だけではない。あなたもそうだよね」と相手を自分の仲間に入れたい気持ちがあります。主節の内容によっては、提案をしたりすることもできます。

例文 166

You should first read the book yourself, and then ask the professor for help, don't you think?

（まずは自分で本を読んで、それから先生に助けてもらうべき…と思いません？）

これは「そのようにしてはどうですか？」という提案になっています。

このように、

RULE **157** **形式上同じでも、意味や機能が異なることがある**

ことは、意識をしておくとよいでしょう。

RULE 158 that 節の中に、主節を挿入できる

例文 167

The smartphone, it seems to me, is the best invention in human history.

（スマホは、人類史上最高の発明品であるように、私には思えます）

この文は、It seems to me that the smartphone is the best invention in human history. だったのですが、この that 節の中に、主節（it seems to me）を挿入できるわけです。そのとき、that はもはや使いません。

RULE 159 副詞句・副詞節は、文のどこにでも置けるから、挿入もできる

例文 168

The CEO, while talking on the phone, asked the secretary to get him a cup of coffee.

（その CEO〔最高経営責任者〕は、電話で話しながら、秘書にコーヒーを持ってきてと頼んだ）

while (he was) talking on the phone というのは、**RULE 114（接続詞の後ろに省略⇒「S ＋ be 動詞」の省略）**が適用されています。これは副詞の働きをしているので、文のどこにでも置けます。つまり、挿入もできるわけです。

例文 169

The chairperson rarely, if ever, appears in public.

（その会長は、あるにしても、めったに公の場に姿を現さない）

この if ever も、if he ever appears ということを表しています。rarely if ever で「めったに」という熟語として記憶するのもよいですが、どうしてそうなるのかを知っておくと、いっそう理解が深まります。

10 minutes practice

使いこなし10分練習

詳しい手順は8～10ページを確認してください。

STEP 1 しゃべりたい！ 言い換えで使いこなそう（単語・句・節）

音声を聞き、cue に従って、どんどん新しい英文を作り出してください。

例文165 MP3 253

This movie is worth seeing, don't you think?

a) discussing
b) This issue
c) the investment
d) Learning English

例文167 MP3 254

The smartphone, it seems to me, is the best invention in human history.

a) I believe
b) some people say
c) everyone would agree
d) it has turned out

例文168 MP3 255

The CEO, while talking on the phone, asked the secretary to get him a cup of coffee.

a) signing a contract
b) writing an e-mail
c) entering data into the computer
d) checking his schedule

STEP 1 解答と訳

例文165 MP3 253

a) This movie is worth discussing, don't you think?（この映画は議論する価値がありますよね）

b) This issue is worth discussing, don't you think?（この問題は議論する価値がありますよね）

c) This issue is worth the investment, don't you think?（この問題はそれだけの投資の価値がありますよね）

d) Learning English is worth the investment, don't you think?（英語の習得はそれだけの投資の価値がありますよね）

例文167 MP3 254

a) The smartphone, I believe, is the best invention in human history.（スマホは人類史上最高の発明だと信じています）

b) The smartphone, some people say, is the best invention in human history.（スマホは人類史上最高の発明だという人もいます）

c) The smartphone, everyone would agree, is the best invention in human history.（スマホは人類史上最高の発明だということはみなさん同意されるでしょう）

d) The smartphone, it has turned out, is the best invention in human history.（スマホは人類史上最高の発明だということになりました）

例文168 MP3 255

a) The CEO, while signing a contract, asked the secretary to get him a cup of coffee.（その CEO は、契約書にサインしながら、秘書にコーヒーを 1 杯持ってくるよう頼んだ）

b) The CEO, while writing an e-mail, asked the secretary to get him a cup of coffee.（その CEO は、メールを打ちながら、秘書にコーヒーを 1 杯持ってくるよう頼んだ）

c) The CEO, while entering data into the computer, asked the secretary to get him a cup of coffee.（その CEO は、データ入力をしながら、秘書にコーヒーを 1 杯持ってくるよう頼んだ）

d) The CEO, while checking his schedule, asked the secretary to get him a cup of coffee.（その CEO は、スケジュールをチェックしながら、秘書にコーヒーを 1 杯持ってくるよう頼んだ）

STEP 2 もっとしゃべりたい！ 会話のやりとりで使いこなそう

シーン1 MP3 256

授業にすでに10分遅刻している友人に、ぜひ出席するべきだと言いましょう。

Your friend : I am already ten minutes late for class. What should I do?

You : あの授業は、遅れたとしても出席する価値がありますよ…ね、そうでしょう？

ヒント：「遅れたとしても」を挿入してもよいでしょう。

シーン2 MP3 257

電柱にぶつかってケガをしたあなたは、心配そうな友人に、事情を打ち明けます。

Your friend : You ran into the telephone pole? What happened?

You : まあ、歩きスマホで…。

STEP 3 ここまで使いこなしたい！ まとまった内容を表現してみよう

ある有名企業の創業者についてビジネスのクラスでプレゼンをすることになりました。パワーポイントを見ながら発表してください。

× public	lunch at cafeteria	pleasant to work with
	talk with employees	modest / reserved
	work at factory	

「この創業者はめったに公の場に姿を現しません。カフェテリアで昼食をとりながら従業員と話します。工場で働くことさえあります。私の印象では、彼は穏やかで、控えめで、一緒に働いて気持ちがよい人です」

STEP 2 解答例と訳

シーン1 MP3 256

友人　：もう 10 分遅刻してる。どうしよう。

あなた：That class is worth attending, even if you are late, don't you think?

> even if you are late を追加しました。これは you are を省略して even if late はできない場合です。主語が that class と you で異なるからです。

シーン2 MP3 257

友人　：電柱にぶつかったって？何があったの？

あなた：Well, I was texting while walking ....

> text というのは、スマホ・携帯でメールを送ることです。
> while (I was) walking となります。

STEP 3 解答例と訳

MP3 258

The founder rarely, if ever, appears in public. He talks with employees while having lunch at the cafeteria. He even works at the factory himself. It seems to me that he is modest, reserved, and pleasant to work with.

> while 〜は「〜しながら」。
> 「工場で働く」ところは、even（そんなことさえある）をつけたり、最後に強調の himself（まさにこの創業者が）をつけたりするともっと効果的になるでしょう。
> 最後の It seems to me that は、挿入もできなくはないですが、今回は最初に置くのが最も普通に聞こえます。
> 最後の部分は、「and の並列」になっています。
> to work with は「一緒に働くのに気持ちがいい」という、不定詞の副詞的用法（形容詞 pleasant を修飾）です。

Coffee Break

先生、どうやって勉強したのですか？(9)

本書はそのプロセスを今振り返って、「私が今英語を勉強している学生なら、この本を選んで暗記をするほど勉強したい」という内容です。みなさんには、ぜひとも暗記をしないで(理解をしない、っていうのとは違うよ！)、暗記をするほど勉強（本書の場合には音読）していってほしいなと思います。さらに詳しいアドバイスは教室で！

CHAPTER_10

数字を使って具体的に表現する

UNIT
43 重要な数字の表現

難しい英語のテストでは数字を明確に聞き取ったり、証拠として示したりすることは求められないことも多いですが、実社会では、数字や固有名詞の重要性は言うまでもありません。

数字を間違えると、ビジネスなどのプレゼンでは信頼が失われるし、約束の時間を忘れてしまうと、大きな問題になりかねません。実際に英語を使う人は、文法の中に数字の表現を意識的に採り入れておくことも大切だと思います。

RULE 160
よく使う大きな数は、単語として記憶しておく。特に 130,000,000（1億3千万）、7,000,000,000（70億）、会社の売り上げなど

多くの人は、英語の数字は3桁ごとに区切って表すことをご存じですが、これがすぐに出てこないわけです。したがって、記憶しておくことのほうが有益です。

1億＝ one hundred million という単語だと思っておくとよいでしょう。日本の人口は one hundred thirty million となります。非常に使えると思います。ちなみに、世界の人口は、seven billion（70億）となります。（2016年現在）。

例文 170

With its population estimated at 130,000,000, Japan is ranked 11th on a list of world population.

（人口が推定1億3千万人ということで、日本は世界の人口で11位にランキングされている）

RULE 161
メジャーな数字がドルでわかる・言えるようにしておく

例文171

One of the highest-ranked public US universities estimates its annual fees at about $40,000, in addition to $10,000 for room and board.

（アメリカのあるトップ公立大学では年間の授業料を４万ドル、寮費と食費を１万ドルと見積もっている）

キリのいい数字にしました。これが教育費になります。年間400万円ほど。room and board（寮費・食費）という表現も記憶しておくとよいでしょう。

RULE 162 単数形は１のときだけで、０のときも複数形になる

例文172

It is widely known that pure water freezes at zero degrees Celsius and boils at one hundred degrees Celsius.

（純水は、0℃で凍り、100℃で沸騰するというのが通説だ）

この例文のように、「ゼロ」でも、degrees と複数形になります。単数形になるのは「1」のときだけ、と割り切っておくとよいです。

RULE 163 比較級とともに数字を使って、「〜分」高い・安い、などの差を表すことができる

例文173

The coffee beans sold at this shop are more expensive by three dollars.

（この店で売られているコーヒー豆は３ドル高い）

これに than they are at that shop. を加えると、「あの店に比べて」が明確になります。

もちろん、コンテクスト上、わかっている場合には省略するべきでしょう。（さもなければ、どうでもいい内容が、最も重要な場所に置かれてしまいます。**RULE 008〔ABCDEF. の文で最も重要なのは F〕**参照）。

これは、

The same coffee beans sold at this shop are [three dollars] more expensive.

としてもかまいません。**RULE 008〔ABCDEF. の文で最も重要なのは F〕**を意識して、expensive が大切なのか、$3 が大切なのか、という（あるとしたら）違いになります。

Point
よく使われる
数字表現を
しっかり
記憶しておくこと

10 minutes practice 使いこなし10分練習

詳しい手順は 8 ～ 10 ページを確認してください。

STEP 1 しゃべりたい！ 言い換えで使いこなそう（単語・句・節）

音声を聞き、cue に従って、どんどん新しい英文を作り出してください。

例文 170 MP3 259

With its population estimated at 130,000,000, Japan is ranked 11th on a list of world population.

a）300,000,000 / the United States / 3rd
b）65,000,000 / the United Kingdom / 21st
c）more than 200,000,000 / Brazil / 5th
d）102,000,000 / the Philippines / one notch lower than Japan

例文 172 MP3 260

It is widely known that pure water freezes at zero degrees Celsius and boils at one hundred degrees Celsius.

a）thought
b）believed
c）nothing but pure water
d）only one substance

例文 173 MP3 261

The coffee beans sold at this shop are more expensive by three dollars.

a）cups
b）three dollars more expensive
c）tea
d）twice as

STEP 1 解答と訳

例文170　MP3 259

a) With its population estimated at 300,000,000, the United States is ranked 3rd on a list of world population.（アメリカは人口が3億人と推定されており、世界の人口で、3位にランクされている）

b) With its population estimated at 65,000,000, the United Kingdom is ranked 21st on a list of world population.（イギリスは人口が6千5百万人と推定されており、世界の人口で、21位にランクされている）

c) With its population estimated at more than 200,000,000, Brazil is ranked 5th on a list of world population.（ブラジルは人口が2億人以上と推定されており、世界の人口で、5位にランクされている）

d) With its population estimated at 102,000,000, the Philippines is ranked one notch lower than Japan on a list of world population.（フィリピンは、人口が1億2百万人と推定されており、世界の人口で、日本の次にランクされている）

例文172　MP3 260

a) It is widely thought that pure water freezes at zero degrees Celsius and boils at one hundred degrees Celsius.（純水は、0℃で凍り、100℃で沸騰するというのが通説だ）

b) It is widely believed that pure water freezes at zero degrees Celsius and boils at one hundred degrees Celsius.（純水は、0℃で凍り、100℃で沸騰するというのが通説だ）

c) It is widely believed that nothing but pure water freezes at zero degrees Celsius and boils at one hundred degrees Celsius.（0℃で凍り、100℃で沸騰するのは純水以外にない、というのが通説だ）

d) It is widely believed that only one substance freezes at zero degrees Celsius and boils at one hundred degrees Celsius.（ただ1つの物質だけが0℃で凍り、100℃で沸騰するというのが通説だ）

例文173　MP3 261

a) The coffee cups sold at this shop are more expensive by three dollars.（このお店で売られているコーヒーカップのほうが3ドル高い）

b) The coffee cups sold at this shop are three dollars more expensive.（このお店で売られているコーヒーカップのほうが3ドル高い）

c) The tea cups sold at this shop are three dollars more expensive.（このお店で売られているティーカップのほうが3ドル高い）

d) The tea cups sold at this shop are twice as expensive.（このお店で売られているティーカップのほうが2倍高い）

STEP 2 もっとしゃべりたい！会話のやりとりで使いこなそう

シーン1 MP3 262

クラスメイトの持っていたイギリスのイメージは少し違っていたようです。

Your classmate : So in terms of population, Japan is just as large as the U.K., isn't it?

You : 違うよ。日本の人口は1億3千万だから、イギリスの約2倍だよ。

シーン2 MP3 263

ああでもない、こうでもない、と迷っているあなたは、友人に理由を聞かれます。

Your friend : You look confused. What's the problem?

You : このマグカップのデザインが好きなんだけど、あっちの店のに比べて10ドル高いんだ…。

STEP 3 ここまで使いこなしたい！まとまった内容を表現してみよう

化学の授業で、テーマは沸点のいろいろ。摂氏何度で、どんな物質が沸騰するのでしょうか。次の表を見ながら、プレゼンしてみましょう。物質間の比較もしてみるとよいですね。

純水	水銀	エタノール	窒素
100℃	357℃	78℃	–196℃

STEP 2 解答例と訳

シーン1 MP3 262

クラスメイト：ってことは、人口で言うと、日本はイギリスと同じくらいですね。

あなた　　　：No, not at all! The population of Japan is 130 million, which is twice as large as that of the U.K.

> いろいろな表現法があると思います。
> which はこの数字を指しています。それが人口のことなので、「多い」を large で表します。そこで twice as large となります。
> the population（= that）of the U.K. となるのは、**RULE 064（比較の対象は同じ形で表す）**からです。

シーン2 MP3 263

友人　：困った顔して、どうしたの？

あなた：I like the design of this mug, but it is ten dollars more expensive than the one in that shop.

> than the one in that shop で「あっちのお店にあるやつよりも」となります。the one = the mug ということです。

STEP 3 解答例と訳

MP3 264

Pure water boils at 100℃, but the boiling point of mercury is much higher than that of pure water; in fact it is 257 degrees higher. However some substances boil at a lower temperature than does pure water. Ethanol's boiling point is 78℃, while nitrogen's is –196℃.

（純水は100℃で沸騰しますが、水銀の沸点は純水の沸点よりもずっと高く、正確には257度高いです。しかし、純水よりも低い温度で沸騰する物質もあります。エタノールは78℃が沸点ですし、窒素は–196℃で気体になります）

> ここに出てくる程度の物質の名称は知っていても損はありません。
> 比較の方法にはいろいろあることに気づくことが大切です。
> 最後の文では while（一方で）という接続詞を使いました。
> while nitrogen's (boiling point) is -196℃ となっています。

UNIT

44 簡単な数字・数式の読み方

英語を音読するとき、in 1789 や 250,000 people などがあると、どうしても日本語に逃げたり、数字を読まないこともあるかもしれません。

外国語の数字はやっかいなもので、なかなか習得できませんが、よく使われる単位や数式などが読めるようになると、そういう話題にも興味が出てくるかもしれません。大変かもしれませんが、分数なども読んでみましょう。

RULE 164 「㎡」は square meters と読む

例文 174

The field is $100m^2$ in area, so one side is $\sqrt{100}$, or 10m.

（このフィールドは面積が 100 平米だから、一辺はルート 100、つまり 10 メートルだ）

$\sqrt{100}$ は、the square root of one hundred と読みます。

RULE 165 1 acre（エーカー）は、およそ、アメフトのグラウンドくらいの面積

例文 175

One of the biggest campuses in the nation, this 5,200-acre campus has 545 buildings on it.

（国内最大級のキャンパスだけあって、この 5,200 エーカーのキャンパスには、545 の建物が入っている）

アメリカの大学の広さなど、アメリカでは面積をエーカーで表すことも多く、私たちにとって、イメージがつかみにくい原因となっています。そういうときに RULE 165 が助けになります。アメフトのグラウンドが 5,200 個ですから、相当の広さだというわけです。

この例文は、ちなみに分詞構文になっています。(Being) one of the biggest ..., this ... campus となっています。「だけあって」という日本語にしましたが、いろいろ可能性があることは、UNIT 31 を思い出すとよいでしょう。

この例文 175 では、数字に関する次のルールも紹介しておきましょう。

RULE 166 数字＋単位を 1 つの形容詞にするには、ハイフンで結んで単位は単数形

The area of this campus is 5,200 acres. ですが、これを「5,200 エーカーの→キャンパス」とするには、this 5,200-acre campus となります。this beautiful campus と比べると、5,200-acre は beautiful と同じですから、形容詞となります。

ちなみに「くまのプーさん」の「100 エーカーの森」は、The Hundred Acre Wood となります。これはどちらかというと固有名詞化されています。ハイフンはありませんが、Acre が単数形であるところは譲れないわけです。

RULE 167 階乗は、power を使う

例文 176

The distance between the earth and the sun is approximately 1.5×10^{11}m.

（地球と太陽の距離はおよそ 1.5 かける 10 の 11 乗メートル）

読み方は、one point five times ten to the power of eleven meters となります。n 乗でも to the power of n (または to the nth power) となります。

面積、距離、と来たので、最後に体積を見ましょう。

RULE 168

分数は、分子から言う。
（分子の基数）＋（分母の序数）または（分子の基数）over（分母の基数）、いずれも分子から言う

例文177

The volume of a sphere is $\frac{4}{3}\pi r^3$ but how do I calculate the volume of a donut?

（球の体積は four over three pi r cubed だけど、ドーナツの体積はどうやって計算するのですか？）

分数を言うことは多いと思います。

4/3 であれば、four thirds（1/3 = one third が 4 つという感じ）か、four over three と表します。文字や大きな数だと over を使うことになります。ただ、1/2 = a half / 1/4 = a quarter などと別の言い方が決まっているものもあります。

10 minutes practice

使いこなし10分練習

詳しい手順は8～10ページを確認してください。

STEP 1 しゃべりたい！ 言い換えで使いこなそう(単語・句・節)

音声を聞き、cue に従って、どんどん新しい英文を作り出してください。

例文174

MP3 265

The field is $100m^2$ in area, so one side is $\sqrt{100}$, or 10m.

a) room
b) 25 / 5
c) screen
d) 64 / 8

例文175

MP3 266

One of the biggest campuses in the nation, this 5,200-acre campus has 545 buildings on it.

a) approximately 5,000
b) as many as 545
c) As
d) institutions

例文177

MP3 267

The volume of a sphere is $\frac{4}{3}\pi r^3$ but how do I calculate the volume of a donut?

a) hemisphere / $\frac{2}{3}\pi r^3$
b) cylinder
c) a cube / side length cubed (s^3)
d) pyramid

STEP 1 解答と訳

例文174 MP3 265

a) The room is 100m² in area, so one side is √100, or 10m.（部屋の面積は 100㎡だから、1 辺は√100 つまり 10m です）

b) The room is 25m² in area, so one side is √25, or 5m.（部屋の面積は 25㎡だから、1 辺は√25 つまり 5m です）

c) The screen is 25m² in area, so one side is √25, or 5m.（スクリーンの面積は 25㎡だから、1 辺は√25 つまり 5m です）

d) The screen is 64m² in area, so one side is √64, or 8m.（スクリーンの面積は 64㎡だから、1 辺は√64 つまり 8m です）

例文175 MP3 266

a) One of the biggest campuses in the nation, this approximately 5,000-acre campus has 545 buildings on it.（国内最大級のキャンパスということもあり、このおよそ 5,000 エーカーのキャンパスにはその中に 545 の建物があります）

b) One of the biggest campuses in the nation, this approximately 5,000-acre campus has as many as 545 buildings on it.（国内最大級のキャンパスということもあり、このおよそ 5,000 エーカーのキャンパスにはその中に 545 もの建物があります）

c) As one of the biggest campuses in the nation, this approximately 5,000-acre campus has as many as 545 buildings on it.（国内最大級のキャンパスとして、このおよそ 5,000 エーカーのキャンパスにはその中に 545 もの建物があります）

d) As one of the biggest institutions in the nation, this approximately 5,000-acre campus has as many as 545 buildings on it.（国内最大級の機関として、このおよそ 5,000 エーカーのキャンパスにはその中に 545 もの建物があります）

例文177 MP3 267

a) The volume of a hemisphere is $\frac{2}{3}\pi r^3$, but how do I calculate the volume of a donut?（半球の体積は two over three pi r cubed ですが、ドーナツの体積はどうやって計算するのですか）

b) The volume of a hemisphere is $\frac{2}{3}\pi r^3$, but how do I calculate the volume of a cylinder?（半球の体積は two over three pi r cubed ですが、円柱

の体積はどうやって計算するのですか）

c）The volume of a cube is side length cubed (s^3), but how do I calculate the volume of a cylinder?（立方体の体積は（1 辺）^{3} ですが、円柱の体積はどうやって計算するのですか）

d）The volume of a cube is side length cubed (s^3), but how do I calculate the volume of a pyramid.（立方体の体積は（1 辺）^{3} ですが、四角すいの体積はどうやって計算するのですか）

STEP 2 もっとしゃべりたい！ 会話のやりとりで使いこなそう

シーン1 MP3 268

引っ越しのために、お部屋を見学に来ています。正方形の部屋に驚きます。

Realtor : This room is about 16m^2 in area.

You : 部屋の面積は16㎡だから、1辺の長さは、$\sqrt{16}$つまり4mですね。

シーン2 MP3 269

キャンパスツアーで、志望校を見学中のあなたは、だいぶ疲れてきました。

Guide : Before you get tired, let's move on to our state-of-the-art laboratory.

You : この1,765エーカーのキャンパスは横断するのが大変だなあ。

STEP 3 ここまで使いこなしたい！ まとまった内容を表現してみよう

水不足の状況でプールを使用するのはもったいないのではないか、と考えたあなたは、学校のプールがどれくらいの体積があるのか調べています。

「プールは角柱だから、体積はたて × よこ × 高さ。長さが 25m、短いほうの幅が 12m で、深さがおよそ 1.2m。だから、12×25×1.2=360㎥になります。つまり、360t の水が節約できます」

ヒント：長さ＝ length ／ 幅＝ width ／ 深さ＝ depth

STEP 2 解答例と訳

シーン1 MP3 268

不動産屋：このお部屋ですと、面積がおよそ 16 平米になります。

あなた：The room is $16m^2$ in area, so one side is $\sqrt{16}$ or 4m.

> ㎡は square meters と読みました。
> or は「つまり」を意味します。
> もちろん、$\sqrt{16}=\pm4$ ですが、お部屋なので、+4 のほうです。

シーン2 MP3 269

ガイド：疲れないうちに、最先端技術を使った研究所に移動しましょう。

あなた：How hard it is to walk across this 1,765-acre campus!

> state-of-the-art はハイフンで結んでできた語で「最先端の」という意味です。
> before you get tired で「疲れる前に」というよりは、「疲れないうちに」になります。
> 1,765-acre と単数形でハイフンにすることがポイントでした。

STEP 3 解答例と訳

MP3 270

The swimming pool is a prism. So the volume is length by its width by its height (l×w×h). The pool is 25m long, 12m wide, and 1.2m deep. Therefore you get $12\times25\times1.2=360m^3$. We can save 360t of water if we don't use the pool.

> 角柱のことを prism といいます。円柱の場合は cylinder、三角柱なら、triangular prism となります。

UNIT 45 グラフを読む

文法を使いこなす1つのケースは、プレゼンやら、レポートの作成でしょう。これまでの文法事項の復習もかねて、このUNITでは、グラフを描写するという観点から、英文法をまとめていきます。

RULE 169 「〜現在」をas ofで表す

各種グラフの右上あたりに、「2000年現在」などのように書かれていることがあると思います。これを英語ではas ofと表現します。

例文178

According to the World Health Organization, as of 2000, the number of obese adults has increased to over 300 million.

（世界保健機関によると、2000年現在、肥満の成人の数が3億人に増加している）

RULE 160（よく使う大きな数は、単語として記憶しておく。特に130,000,000〔1億3千万〕、7,000,000,000〔70億〕、会社の売り上げなど）にあったように、1億は100 millionでした。したがって、300 millionは3億となります。

また、**RULE 163（比較級とともに数字を使って、「〜分」高い・安い、などの差を表すことができる）**ではbyでしたが、この例文178では、toを使って、増加した結果、何人になったかを示しています。

According to 〜 は「〜によると」という意味で、これもグラフの描写には重要ですが、

RULE 052 英語は名詞で、日本語は動詞で、文を作る

を思い出すと、次のような英文も可能になります。

RULE 170 「～によれば」を主語にして、「～は示している」という文に変換できる

例文 179

New research shows that as many as five million people have left California over the last decade.

（新しい調査によれば、ここ10年で、500万人もの人がカリフォルニアから出て行った）

日本語訳が、新しい調査「によれば」となって、According to new research, とも表せることに注目してください。これを英語では、New research shows ... と主語にできるわけです。

また、上の例文から、数字について次のルールを追加しましょう。

RULE 171 数字を強調するには、as ～ as を使う

今回は500万人が「多いこと」の強調ですから、as many as five million people となります。後ろが数えられない場合には、as much as five million liters of water（500万リットルもの水）となります。

RULE 172 数字を「強調する」ための日本語訳は「～も」

これも覚えておくとよいでしょう。本書を通じて「強調」という表現がいくつか出ています。しかし、「強調」と覚えても、それがどういうことかを知らないと使えません。具体的には「日本語訳がどうなるのか」を覚えておくのは、よい戦略です。

RULE 173 グラフの描写では、時制に気をつける

例文180

The number of Japanese people who studied abroad peaked in 2004, and since then, the number has been on the decline.

（留学する日本人の数は、2004 年にピークに達し、それ以来は減少している）

in 2005 というのが「過去を表す語句」ですから、**RULE 023（過去のことは過去形で表す）**が適用されます。ただ、since then（それからは）があるので、ここは has been と現在完了形になっています。

また、since then と似て非なるもの、も最後に紹介しましょう。

例文181

The average score of the Korean TOEFL test takers showed a general upward trend from 2006 to 2013.

（韓国の TOEFL 受験生の平均スコアは 2006 年から 2013 年の間、一般的に上昇傾向があった）

from 2006 to 2013 というのは、過去の話です。したがって、showed と過去形になっています。過去形が 1 つだけなので、過去完了形の出る幕はありません。

10 minutes practice

使いこなし10分練習

詳しい手順は8〜10ページを確認してください。

STEP 1 しゃべりたい！ 言い換えで使いこなそう（単語・句・節）

音声を聞き、cueに従って、どんどん新しい英文を作り出してください。

例文178 MP3 271

According to the World Health Organization, as of 2000, the number of obese adults has increased to over 300 million.

a) The World Health Organization says
b) since 1990
c) by 100 million
d) According to a new survey

例文179 MP3 272

New research shows that as many as five million people have left California over the last decade.

a) indicates
b) A new survey
c) According to
d) no less than

例文181 MP3 273

The average score of the Korean TOEFL test takers showed a general upward trend from 2006 to 2013.

a) until 2013
b) followed
c) for seven years in the past
d) is reported to have followed

STEP 1 解答と訳

例文178 MP3 271

a) The World Health Organization says that as of 2000, the number of obese adults has increased to over 300 million.（世界保健機関は、2000年現在、肥満の成人の数が3億人に増加していると述べている）

b) The World Health Organization says that since 1990, the number of obese adults has increased to over 300 million.（世界保健機関は、1990年以来、肥満の成人の数が3億人に増加していると述べている）

c) The World Health Organization says that since 1990, the number of obese adults has increased by 100 million.（世界保健機関は、1990年以来、肥満の成人の数が1億人増加していると述べている）

d) According to a new survey, since 1990, the number of obese adults has increased by 100 million.（新しい調査によると、1990年以来、肥満の成人の数が1億人増加している）

例文179 MP3 272

a) New research indicates that as many as five million people have left California over the last decade.（新しい調査によれば、ここ10年で、500万人もの人がカリフォルニアから出て行った）

b) A new survey indicates that as many as five million people have left California over the last decade.（新しい調査は、ここ10年で、500万人もの人がカリフォルニアから出て行ったことを示している）

c) According to a new survey, as many as five million people have left California over the last decade.（新しい調査によれば、ここ10年で、500万人もの人がカリフォルニアから出て行った）

d) According to a new survey, no less than five million people have left California over the last decade.（新しい調査によれば、ここ10年で、500万人もの人がカリフォルニアから出て行った）

例文181 MP3 273

a) The average score of the Korean TOEFL test takers showed a general upward trend until 2013.（韓国のTOEFL受験生の平均スコアは2013年まで、一般的に上昇傾向があった）

b) The average score of the Korean TOEFL test takers followed a general upward trend until 2013.（韓国のTOEFL受験生の平均スコアは

2013年まで、一般的に上昇傾向があった）

c）The average score of the Korean TOEFL test takers followed a general upward trend for seven years in the past.（韓国のTOEFL受験生の平均スコアは過去において7年間、一般的に上昇傾向があった）

d）The average score of the Korean TOEFL test takers is reported to have followed a general upward trend for seven years in the past.（韓国のTOEFL受験生の平均スコアは過去において7年間、一般的に上昇傾向があったと報告されている）

STEP 2 もっとしゃべりたい！ 会話のやりとりで使いこなそう

シーン1 MP3 274

アメリカの社会問題について議論しています。1つの問題は肥満です。

Classmate : I think that obesity costs our society a lot of money.

You : It sure does. Besides, it is a borderless issue. 世界保健機関によれば、2000年現在、肥満の成人の数が3億人に増加しているそうです。

シーン2 MP3 275

留学先の大学を、まずカリフォルニア州に絞った友人に、なぜカリフォルニア州かを質問します。

Your friend : Among many candidates, I have narrowed them down to several universities, all of which are located in the state of California.

You : Why California? 新しい調査によれば、ここ10年で、500万人もの人がカリフォルニアから出て行ったらしい。

STEP 3 ここまで使いこなしたい！まとまった内容を表現してみよう

アメリカのある機関が調査した、日本人の留学生数の推移を見ています。

2004: 82,945　　2005: 80,023　　2006: 76,492
2007: 75,156　　2008: 66,833　　2009: 59,923
2010: 58,060

この数字の羅列を言葉で表して、授業での発表に備えましょう。

〈発表用メモ〉
ピーク：2004 年の 82,945 人。
ずっと減少：2010 年は、最低の 58,060 人。
6 年で、25,000 人ほどの減少。

STEP 2 解答例と訳

シーン1 MP3 274

クラスメイト：肥満のために、私たちの社会に多くの費用がかかっていますね。
あなた　　　：たしかにそうですね。しかもこれは国境を超えた問題です。The World Health Organization says that as of 2000, the number of obese adults has increased to over 300 million.

> 今が何年であるかによって、as of 2000 が適切な年代かがわかります。この場合は、今の時点が 2000 年なのでしょう。
> cost〈人〉〈金〉で、人にお金がかかる、となります。

シーン2 MP3 275

友人　：候補はたくさんあるんだけど、その中で、5〜6 に絞ってみたよ。すべてカリフォルニア州にある大学なんだ。
あなた：どうしてカリフォルニア？ According to a new survey, as many as five million people have left California over the last decade.

> 「(…に) 絞る」は narrow 〜 down (to ...)。
> , all of which についてはUNIT 25で復習しておきましょう。
> 志望校の「候補」ということでcandidateを使っています。

STEP 3 解答例と訳

MP3 276

The largest number of Japanese people studied abroad in 2004. As many as 82,945 people studied abroad in that year. However, the number followed a downward trend until 2010, decreasing by 25,000 from 2004 to 2010.

(2004年に最も多くの日本人が留学しました。82,945人もの人がその年、留学をしました。しかし、その数は2010年まで減少傾向にあり、2004年から2010年の間に、25,000人減少しました)

> ピークになる、というのをthe largest numberとして表しました。
> as many asも忘れずに使いたいところです。
> followedと過去形になっているのは、2010年という過去の話をしているからです。
> こういう「緩い感じのつながり」を表すのに、decreasingなどの分詞構文が使えると思います。

LIST

RULE

RULE 001	1つの文を作るには語順を知ることと、時制を知ること
RULE 002	前の英文を受けて初めて、「次」の英文ができる。 その英文は、「次」につながる
RULE 003	骨格を作る 1）どのように単語を並べるか（語順） 2）動詞をどんな形にするのか（時制） 3）前の文とのつながりをどう表現するのか（cohesion＝結束性）
RULE 004	英文は「〜が (S)」「〜する (V)」または、「〜は (S)」「〜である (V)」 で始まる
RULE 005	SVを作ったら、それ以外の要素（単語）を並べる
RULE 006	名詞には状況に応じて冠詞をつけ、その間に1語の形容詞を入れて 修飾する
RULE 007	形容詞＋名詞＝〜な（名詞） 名詞＋形容詞＝（名詞）は〜だ
RULE 008	ABCDEF. の文で最も重要なのはF
RULE 009	SVだからといって、短い英文であるわけではない
RULE 010	基本文型は ①動詞の時制を変える ②副詞句・副詞節を伴う ③各要素を句・節にする ことで長くなる
RULE 011	動詞を、第1・第3か、第2か、という分類で考える
RULE 012	第4文型は、ヒト（に）＋モノ（を）の語順
RULE 013	第3文型⇔第4文型の問題は、語順の問題そのもの。 指標としては新情報が何かで決める
RULE 014	SVOOの変化形：want〈人〉to do
RULE 015	SVOCでは、O is C ／ O does Cの関係になっている
RULE 016	文法でbeというのはSVCを作る動詞を代表させているにすぎない
RULE 017	過去分詞（edの形）や現在分詞（ingの形）は「形容詞」とみなす

RULE 018	受動態「be ＋過去分詞」の be を、SVC を作る動詞にするとニュアンスを変えることができる
RULE 019	【場所を表す前置詞】＋【存在を表す V】＋ S で、倒置ができる
RULE 020	場所を表す倒置を使う動機は「(根拠や定義などの) 導入」
RULE 021	倒置で最も注意するのは「主語と動詞の一致」
RULE 022	It is【強調したい部分】that【残りの部分】で強調できる
RULE 023	過去のことは過去形で表す
RULE 024	過去形は過去を表す語句がなければ使えない
RULE 025	過去を表す語句がないけれど、過去の話をするときに、現在完了形にする
RULE 026	過去形の動詞が 2 つあって、その順序を明確にしたいとき、先に起きたほうを過去完了形にする
RULE 027	両者とも「予測」するときに同じように使われるが、今決めたこと ⇒ will ／決めていたこと ⇒ be going to の差がある
RULE 028	未来形⇒ 1 回だけのこと／現在形⇒繰り返し起こること
RULE 029	進行形⇒いつから始まっていつ終わるかわからない（または言う必要のない）ような動作の継続を表す
RULE 030	現在完了進行形は始点がわかっている（または言いたい）
RULE 031	can't (はずがない) ≒ shouldn't (はずがない) ⇔ should (のはずだ) ≒ must（違いない）
RULE 032	助動詞の過去形は必ずしも過去の出来事を表すとは限らない
RULE 033	should はとてもやさしいアドバイスを表し、「～したほうがいいよ」を表す
RULE 034	should ＝～のはずだ
RULE 035	should have done の 1 つの意味は「～すべきだった」で、後悔を表す
RULE 036	should ／ had better ／ would be better を意味からも形からも使い分ける
RULE 037	should が「～のはず」なら、should have done は「～したはず」
RULE 038	might as well は「～するほうがましだ」。 本来は as ...（…するくらいなら）がある。後半は省略できる

RULE 039	used to は、過去の習慣（よく～したものだ）という意味で助動詞として使う
RULE 040	would rather ＋動詞の原形／ would rather ＋ that 節で「～したほうがよい」
RULE 041	形容詞的用法とは SV ⇒ S to V または VO ⇒ O to V
RULE 042	疑問詞＋ to do のフレーズはいつも名詞句になるから、名詞の用法に従って①主語、②補語、③目的語として使う
RULE 043	動名詞とはあくまで「名詞」 ⇒主語／補語／目的語／前置詞の後ろのどれかで使われる （これに対して現在分詞は同じ ing 形だが、「形容詞」）
RULE 044	不定詞の to は have to ／ be going to の to ⇒つまり不定詞は「義務」、「未来」を表す
RULE 045	consider と同じく、動名詞だけを目的語にとる動詞の例： stop（やめる）／ admit ／ avoid ／ finish ／ enjoy ／ postpone ／ deny ／ mind ／ practice ／ suggest
RULE 046	decide と同じく不定詞だけを目的語にとる動詞の例： determine ／ hope ／ attempt ／ promise ／ plan ／ mean（つもりである）／ seek ／ pretend ／ fail ／ refuse
RULE 047	主語と動詞の一致とは、主語の数に応じて動詞を変化させるという鉄則
RULE 048	「ほとんどの学生」⇒ almost students は間違い
RULE 049	〈%・分数〉of +（名詞）は（名詞）が単数なら動詞も単数、複数なら動詞も複数
RULE 050	one of ～は必ず単数形の動詞で受ける
RULE 051	名詞には大きく分けて①数えられる名詞（countable）と②数えられない名詞（uncountable）がある。 ①には何かをつけるし、②には余計なものはつけない
RULE 052	英語は名詞で、日本語は動詞で、文を作る
RULE 053	「無生物主語」+ allow ... で、「無生物主語」のおかげで「…できる」という可能を表せる
RULE 054	「無生物主語」+ keep ／ prevent ／ stop（誰々）from (doing) は「無生物主語」のおかげで「…できない」という妨害を表せる

RULE 055	take などを使って「無生物主語」が（誰々）を連れて行く＝ （誰々）が行く
RULE 056	「できる・できない」、と言うときに「無生物主語」が使えることが多い
RULE 057	数えられる名詞には何かをつける
RULE 058	この世に 1 つしかないもの⇒ the ／この世にたくさんあるもの⇒ a
RULE 059	名詞を前から修飾するのが限定用法
RULE 060	名詞を修飾する語が 1 語のとき⇒名詞の直前に置く 名詞を修飾する語句が 2 語以上のとき⇒名詞の後ろに置く
RULE 061	叙述用法とは SVC や SVOC の C になる用法
RULE 062	形容詞には限定用法しかないものや叙述用法しかないものがある
RULE 063	感情表現の形容詞：[人] ⇒ -ed ／ [モノ] ⇒ -ing
RULE 064	比較の対象は同じ形で表す
RULE 065	比較の文は -er がついているもの以外にもある。 このときにも、比較のルールが適用される
RULE 066	現在との対比での「昔」は used to で表す
RULE 067	倍数は（　　）times as ... as ～
RULE 068	not so much A as B（A というよりはむしろ B）の構文でも、比較には違いないから A と B は同じ形にする
RULE 069	接続詞 that は後ろに完全な文をくっつけて、「～であること」という名詞を作る。これが名詞節
RULE 070	it is ～ that で挟んで強調！
RULE 071	接続詞⇒後ろには完全な文が続く
RULE 072	副詞節⇒接続詞がある
RULE 073	副詞節を含む文⇒主語と動詞が 2 つある
RULE 074	時・条件を表す副詞節では未来時制の代わりに、現在時制を用いる
RULE 075	文にくっつける文はとにかく SV の語順
RULE 076	what you should do ⇒ what to do
RULE 077	第 1 文が代名詞で始まることはない
RULE 078	前の文とのつながりのことを cohesion（結束性）と言い、これがないと、文のつながりがなく、上手だと言えないばかりか、意味不明になることさえある

RULE 079	代名詞 one は数えられる名詞（a+N）だけを指す
RULE 080	「2 つ」のうちの 1 つ⇒ one 「2 つ」のうちのもう 1 つ⇒ the other
RULE 081	セミコロン（;）は接続詞の代わりに使える
RULE 082	(and) then = when ／ (and) there = where がそれぞれ同じこと
RULE 083	「場所」を表すから where というわけではない
RULE 084	「関係代名詞の省略」とは、SVO ⇒ OSV の法則のこと
RULE 085	制限用法は後ろから前に←「制限する」 継続用法は前から後ろに「継続」→
RULE 086	日本語の「日本の首都である東京」は、制限・継続どちらもありうるから、発話の状況で判断する
RULE 087	継続用法の日本語訳： 1）〜なのに、2）〜ということもあって、 3）〜だから、4）〜ですが
RULE 088	継続用法で、直前の会話を受けることができる
RULE 089	関係詞の選択⇒元に戻して完全に
RULE 090	関係詞の選択⇒後ろの文で判断 （he が足りないなら who、him が足りないなら whom とする）
RULE 091	「〜したらどうかな？」「やってみなさい」 ⇒ advise me to do ... ／ I'm advised to ...
RULE 092	「〜してほしいと言う」⇒ ask me to do ... ／ I'm asked to ...
RULE 093	「〜しましょう！と言う」⇒ suggest that ... ＋仮定法現在
RULE 094	仮定法現在を時制の一致の例外と考える
RULE 095	話法の転換で機械的に考えること： 「代名詞の変更」「時制の一致」「時を表す語句の変更」
RULE 096	「〜かどうか」は see と並べて、see if ...
RULE 097	科学的に決まっている「ならば」⇒ if 節の中が現在形、主節も現在形
RULE 098	不確定なこと⇒未来形。このとき RULE 074 より、if の中は現在形
RULE 099	if の中が現在形になるのは、「副詞節」のとき。「〜かどうか」は名詞なので「名詞節」、つまり、未来ならば if の中に will が現れる
RULE 100	仮定法とは「確定法」のことである

RULE 101	仮定法未来か（直説法）未来形かは、気持ちの問題程度の差
RULE 102	仮定法過去完了は、if の中が過去完了。意味は過去を表す
RULE 103	仮定法は節が 2 つで仮定法になるのではなく、1 つ 1 つの節だけでバラ売りできる
RULE 104	If +（過去形）～ ,（would have done）で、「現在～ならば、過去～だったのに」
RULE 105	If +（過去完了形）～ , (would do) で、「過去～だったら、今ごろ～なのに」
RULE 106	if 節の助動詞を if にかぶせても同じ意味になる（if の省略）
RULE 107	分詞構文というのは、「接続詞＋文」（副詞節）をフレーズ（副詞句）にする技法のこと
RULE 108	分詞構文の作り方 接続詞＋ S1 ＋ V1 ～ , S2 ＋ V2 ～ . という英文を分詞構文にするには、 1）接続詞を確認⇒あれば消去 2）主語を確認⇒ S1 ＝ S2 であれば、S1 を消去。 S1 ≠ S2 であれば（a）S1 を残すか、（b）分詞構文をあきらめる 3）動詞を確認⇒ V1 と V2 の時制が同じなら V1 ＋ -ing。 V1 が V2 より過去の時制なら Having done（V1）の形に
RULE 109	分詞構文である以上、分詞の意味上の主語は、文全体の主語と同じである
RULE 110	分詞構文の作り方（続き） 4）動詞に ing をつけて、being になったとき⇒ being は省略できる
RULE 111	分詞構文の作り方（続き） 5）最後に、意味を確定するために、接続詞をつけ直す場合がある
RULE 112	完全な文とは、もはやこれ以上名詞を置かなくても成立している文
RULE 113	接続詞⇒後ろは完全な文／関係代名詞⇒後ろは不完全な文
RULE 114	接続詞の後ろに省略⇒「S ＋ be 動詞」の省略
RULE 115	実は if ＝ even if
RULE 116	接続副詞では文を結ぶことはできない
RULE 117	セミコロンは接続詞のジョーカーとして、2 つの文を結ぶ働きをする

RULE 118	and ／ but ／ or の前後は同じ形（and の並列）
RULE 119	付帯状況とは理由や状況などを指す。 日本語訳は「なので」、「ということもあり」、「しながら」など
RULE 120	分詞構文では接続詞を削除する⇔ 1つだけの接続詞を使いたくないから分詞構文にする
RULE 121	with を使って付帯状況を表す場合は、その主語と文全体の主語が異なっていること
RULE 122	その主語と文全体の主語が異なる分詞構文を、特に独立分詞構文と言う
RULE 123	前置詞⇒必ず後ろは名詞
RULE 124	前置詞は後ろの名詞と結びついて、全体として1つの形容詞か、副詞になる
RULE 125	接続詞からなる副詞節には、前置詞からなる副詞句に変換できるものがある
RULE 126	［because SV ...］の副詞節は［because of（名詞句）］の副詞句に変換できる
RULE 127	He is absent. が文で、これを名詞句にすると、His absence となる
RULE 128	［although SV ...］の副詞節は、［despite ＋名詞句］という副詞句に変換できる
RULE 129	［while SV ...］という副詞節は［during ＋名詞句］という副詞句に変換できる。どちらも「〜のあいだに」
RULE 130	「〜のように」は［as ＋ SV ...］または［like ＋名詞］
RULE 131	文は I go（＝ SV）⇒ my going（＝〜’s ＋動詞＋ -ing）で、名詞化できる
RULE 132	my going は名詞だから、前置詞の後ろに置いて使えるし、そのまま主語、目的語、補語になる
RULE 133	going は go に名詞形がないから仕方なく going。 名詞形があれば、名詞形を優先する
RULE 134	形容詞も “being ...” ではなく、名詞形で受けることを意識する
RULE 135	その文の機能は何なのか、を考え、その機能を表す名詞で言い換える
RULE 136	「〜ない」という否定文を作るとき、No で始める可能性をいつも持っておく

RULE 137	No で始めて、as ... as（A）で、最上級の意味を表せる。 意味は「(A) ほど」…なものは「ない」、と「ない」で終える
RULE 138	前の発話を受けて、「その中の誰も…ない」なら、None of them ... という否定文を作る
RULE 139	「すべて」の前に not を置いて、「すべてというわけではない」という部分否定を表す
RULE 140	not ... any ＝ no ／ none となる
RULE 141	2 つの場合、not ... both で「どちらも、というわけではない」の部分否定、not ... either で「どちらも、ない」の全否定
RULE 142	程度で否定をするのは hardly（ほとんど～ない）
RULE 143	頻度で否定をするのは rarely ／ seldom（めったに～ない）
RULE 144	It is not until ～ that ...（～して初めて…する）は、not until の強調構文
RULE 145	否定語文頭⇒後ろは疑問文の語順になる。意味は同じ
RULE 146	No sooner had I (done) ... than ～「…するやいなや～した」は否定語文頭のルールの応用形
RULE 147	付加疑問文を上がり調子に言うと質問、下がり調子で言うと確認
RULE 148	平叙文でも、上がり調子にすると、質問ができる
RULE 149	質問や確認は、相手にもできるし、自分にもできる
RULE 150	否定文で疑問文を作る⇒同意を得たり、驚きを表す機能がある
RULE 151	どんな形式の質問でも、I do ／ am が続くのなら Yes と答え、I don't ／ am not. が続くのなら No と答える
RULE 152	英語には No, I am. ／ Yes, I'm not. という組み合わせはない
RULE 153	相手の述べた最後の名詞を関係代名詞 which で受けて情報を追加する
RULE 154	「That's ＋関係副詞・関係代名詞（what）」で相手の平叙文の発話を受けて、5W1H を確認したり質問できる
RULE 155	相手の言葉を「受ける」とは、自分の理解で「言い換える」ことにもなる
RULE 156	疑問文（間接疑問文）を忘れた場合には、最後に , don't you think? とする
RULE 157	形式上同じでも、意味や機能が異なることがある

RULE 158	that節の中に、主節を挿入できる
RULE 159	副詞句・副詞節は、文のどこにでも置けるから、挿入もできる
RULE 160	よく使う大きな数は、単語として記憶しておく。特に130,000,000（1億3千万）、7,000,000,000（70億）、会社の売り上げなど
RULE 161	メジャーな数字がドルでわかる・言えるようにしておく
RULE 162	単数形は1のときだけで、0のときも複数形になる
RULE 163	比較級とともに数字を使って、「～分」高い・安い、などの差を表すことができる
RULE 164	「㎡」はsquare metersと読む
RULE 165	1 acre（エーカー）は、およそ、アメフトのグラウンドくらいの面積
RULE 166	数字＋単位を1つの形容詞にするには、ハイフンで結んで単位は単数形
RULE 167	階乗は、powerを使う
RULE 168	分数は、分子から言う。（分子の基数）＋（分母の序数）または（分子の基数）over（分母の基数）、いずれも分子から言う
RULE 169	「～現在」をas ofで表す
RULE 170	「～によれば」を主語にして、「～は示している」という文に変換できる
RULE 171	数字を強調するには、as ～ asを使う
RULE 172	数字を「強調する」ための日本語訳は「～も」
RULE 173	グラフの描写では、時制に気をつける

LIST

EXAMPLE MP3 001 - 181

UNIT 02	例文 001	The meeting must have lasted until the last hour of the deadline.
	例文 002	The advisor helped me with my registration for a course in sociology.
	例文 003	My brother finally became a doctor.
	例文 004	The instructor showed us how to generate electricity.
UNIT 03	例文 005	Do you want me to repeat the question?
	例文 006	The recurring mistakes almost drove me crazy.
	例文 007	After you model how to read the text, have the students read it again.
	例文 008	Sarah thinks of having her watch repaired as soon as possible.
	例文 009	When did you get your hair cut?
	例文 010	We happened to hear Amy singing the national anthem.
UNIT 04	例文 011	The coach didn't know what to do. The most important player got injured on the way to the stadium.
	例文 012	Coral reefs are built when coral polyps secrete calcium carbonate beneath their bodies.
	例文 013	I was spoken to by a foreigner on the way home.
UNIT 05	例文 014	In the solar system are eight planets.
	例文 015	In the solar system are eight planets: Mercury, Venus, Earth, Mars, Jupiter, Saturn, Uranus, and Neptune.
	例文 016	In the region lie many old castles.
	例文 017	It was in 1492 that Columbus discovered the New World with the help of the Spanish King.

期限ギリギリまでそのミーティングは続いたに違いない。

アドバイザーは私の社会学コースの履修登録を手伝ってくれた。

弟はついに医者になった。

先生はどのように発電するかを私たちに示してくれた。

私に質問を繰り返してほしいんですか？

何度も間違いが繰り返されて私はキレかけた。

テキストの読み方のモデルを示した後で、生徒たちにそれをもう一度読ませてください。

セーラはできるだけ早く時計を修理してもらおうと思っている。

いつ髪切ったの？

私たちは偶然、エイミーが国歌を歌っているのを聞いた。

監督はどうすればいいのかわからなかった。最も重要な選手が球場に来る途中でけがをしたのだ。

サンゴポリプがその下に炭酸カルシウムを分泌すると、サンゴ礁が作られる。

私は帰り道で、外国人に話しかけられた。

太陽系には８つの惑星がある。

太陽系には８つの惑星がある。水星・金星・地球・火星・木星・土星・天王星・海王星。

その地域には多くの古城がある。

コロンブスがスペイン王の助けを得て新世界アメリカを発見したのは1492年だった。

UNIT 06	例文 **018**	World War II broke out in 1939.
	例文 **019**	Look! The window has been broken!
	例文 **020**	When the Tea Act was passed in 1773, colonists had become accustomed to drinking tea.
UNIT 07	例文 **021**	I will get up at six tomorrow.
	例文 **022**	I'm going to take the 7:30 train tomorrow.
	例文 **023**	I will be talking a test at 11:00 tomorrow.
	例文 **024**	What time does the next train come?
UNIT 08	例文 **025**	I go to high school.
	例文 **026**	I am going to my daughter's high school.
	例文 **027**	Maria is in the States at the moment. She is learning English to go to a graduate school.
	例文 **028**	In the late 20th century, a massive hole in the ozone layer was observed. Since then, however, the ozone hole has been shrinking.
UNIT 09	例文 **029**	There is a big sign. You can't miss it.
	例文 **030**	You arrived here well ahead of time. You must have walked very fast.
	例文 **031**	You might wonder why she didn't say hello.
	例文 **032**	I haven't washed my car for ages. I must wash it today.
UNIT 10	例文 **033**	It's getting warm. The cherry blossoms should be in full bloom.
	例文 **034**	I am very sleepy today. I should have gone to bed earlier last night.
	例文 **035**	You had better leave now. You will get caught in the rain.
	例文 **036**	It would be better to follow the instructions. We are not familiar with programming, yet.
UNIT 11	例文 **037**	It's already 10:00? You can make a phone call. They should have arrived by now.

第2次世界大戦は1939年に勃発した。

ほら！ 窓が割れている！

1773年に茶法が通過したときには、植民者たちはお茶を飲むことが習慣になっていた。

明日は6時に起きるよ。

明日は7時30分の電車に乗ります。

明日の11時なら僕はテストを受けているよ。

次の電車は何時に来ますか。

私は高校生です。

娘の高校に向かっているところなんです。

マリアは今アメリカです。大学院を目指し英語を勉強しています。

20世紀後半にオゾン層に巨大な穴が観察された。しかし、それ以来、オゾンホールは縮小している。

大きな看板があるから見逃すはずがないよ。

ずいぶん予定より早く着いたね。さぞかし速く歩いたんだろうね。

彼女がなぜあいさつしなかったのか不思議に思われるかもしれません。

長いこと洗車してないなあ。今日はやんなきゃ。

暖かくなってきた。桜の花も満開のはずだ。

今日は眠い。昨夜はもっと早く寝るべきだった。

もう行きなさい、じゃないと雨に降られるよ。

指示に従ったほうがいいでしょう。ぼくたちはまだプログラミングは素人だから。

もう10時ですか？ 電話をしてもかまいません。彼らは今ごろもう着いているはずですから。

	例文 038	The workshop is not worth attending. You might as well learn on your own.
	例文 039	When I was a child, my mother used to kiss me good night.
	例文 040	There used to be a tall tree next to my house.
	例文 041	I can answer your questions, but I would rather you didn't tape it.
UNIT 12	例文 042	Who was the first man to land on the moon?
	例文 043	I am looking for a house to live in.
	例文 044	I'm not familiar with table manners. Could you tell me which knife to use to eat this salad?
UNIT 13	例文 045	I considered applying for the job, but decided to get into a graduate school instead.
	例文 046	I tried to keep my eyes open, but I couldn't. So I tried putting on a pair of goggles.
UNIT 14	例文 047	Most of the students avoided taking the biology course.
	例文 048	80% of his lecture was about how language is learned.
	例文 049	Three fifths of the students were from Asian countries.
	例文 050	One of the books in the library has been stolen.
	例文 051	Too much sugar doesn't do you any good.
UNIT 15	例文 052	The extra oxygen made the air thicker.
	例文 053	Folding wings allow these insects to crawl into narrow spaces.
	例文 054	The lecture explains how GPS satellites keep us from getting lost.
	例文 055	Get off at that station. A five-minute walk will take you to the stadium.
	例文 056	The advent of new technology has made it possible to manufacture more fuel-efficient cars.

そのワークショップは参加する価値がない。独学するほうがましだ。

私が子どものころ、母は、私におやすみのキスをしてくれたものだ。

うちの隣に大きな木があったのだが。

あなたの質問には答えるけれど、ビデオには撮られないほうがいいです。

月に着陸した最初の人間は誰ですか。

私は住む家を探しています。

私はテーブルマナーがわからないのです。このサラダを食べるのにはどっちのナイフを使うのか教えていただけますか。

私はその仕事に応募することも考えたが、代わりに大学院に進学することに決めた。

私は目を開けていようとしたが、できなかった。そこで試しにゴーグルを着けてみた。

ほとんどの学生は生物学のコースを取るのを避けた。

彼の講義の 80% は言語がどのように学習されるかだった。

学生の 5 分の 3 はアジア諸国から来ていた。

図書館の中の本の 1 冊が盗まれた。

砂糖も、とりすぎると良くない。

余分の酸素のために、空気は濃くなった。

折り畳み翼のおかげで、これらの昆虫は、這って狭いスペースに行けるのです。

レクチャーでは GPS 衛星のおかげで、どうして私たちが道に迷わないかが説明されています。

その駅で降りてください。徒歩 5 分でスタジアムに行けます。

新技術の到来によって、さらに燃費の良い自動車を生産することができるようになりました。

UNIT 16	例文 057	This is the most beautiful castle I have ever seen.
	例文 058	I have a friend who lives in Hawaii.
	例文 059	The country I would like to visit is Italy.
	例文 060	If I were an American, I would teach English in Japan.
	例文 061	I don't agree with the opinion that Japanese people cannot learn English.
UNIT 17	例文 062	After the crash, all the passengers were found alive.
	例文 063	I can't stand that annoying sound from the construction site. I am so irritated.
UNIT 18	例文 064	The climate of Tokyo is milder than that of London.
	例文 065	The Romans were more disciplined soldiers than those of any other ancient nation.
	例文 066	The skull of Australopithecus afarensis is similar to that of a chimpanzee.
	例文 067	I wonder if my maternity rights are different from those of full-time workers.
	例文 068	Tom is not so arrogant as he used to be.
	例文 069	The population of Japan is twice as large as that of Britain.
	例文 070	You will become a better speaker of English not so much by reading silently as by reading aloud.
UNIT 19	例文 071	That he is a magician is known to everyone.
	例文 072	It is known to everyone that he is a magician.
	例文 073	It is next year that we are going skiing in the Swiss Alps.
	例文 074	I find it incredible that he got full marks.
	例文 075	I was surprised at the fact that he won the prize.
UNIT 20	例文 076	When the final exam is over, we will have a party.
	例文 077	The chef sings as he cooks in the kitchen.
	例文 078	Do as you are told.

これは私がこれまでに見た最も美しいお城だ。

私にはハワイに住む友だちがいます。

私が訪れたい国はイタリアです。

私がアメリカ人なら、日本で英語を教えるだろう。

私は日本人が英語を習得できないという意見には賛成しない。

墜落後、乗客全員が生存しているとわかった。

工事現場から聞こえるあのうるさい音には我慢できない。ほんとにむかつく。

東京の気候はロンドンより温暖だ。

ローマ人たちは他のどの古代国家よりも鍛えられた兵士だった。

アウストラロピテクス・アファレンシスの頭蓋骨はチンパンジーの頭蓋骨に似ている。

私の産休などの権利は、正社員とは違うのかしら。

トムは昔ほど横柄ではない。

日本の人口はイギリスの２倍だ。

黙読よりはむしろ音読によって、あなたは英語が上手になります。

彼がマジシャンだということはみんなに知られている。

彼がマジシャンだということはみんなに知られている。

スイスのアルプスに私たちがスキーに行くのは来年です。

私は彼が満点を取ったことが信じられない。

私は彼が賞を取ったという事実に驚いた。

期末テストが終わったら、私たちはパーティーをします。

そのシェフはキッチンで料理するときには［料理しながら］歌う。

言われたようにやりなさい。

	例文 079	He was late because he was caught in a shower.
	例文 080	As soon as I take a shower, I will leave home for the meeting.
UNIT 21	例文 081	I don't know if he will win the game.
	例文 082	Can you tell me what time you will arrive?
	例文 083	What time do you think Sam will arrive?
	例文 084	Could you tell me when to start reading this book?
UNIT 22	例文 085	This is Bill. He is a friend of mine.
	例文 086	I have two classes today: One is Linguistics, and the other is American literature.
	例文 087	I have divided the story into three parts: One is the introduction, another is the body, and the last part is the conclusion.
	例文 088	There are ten international students in my class. One is Australian; another is French; the others are all Chinese.
	例文 089	Some of the water from the mountain runs into the sea.
	例文 090	The book which I bought yesterday is of great use.
UNIT 23	例文 091	This is the station where my friend and I usually meet.
	例文 092	The station, which was built fifty years ago, is going to be renovated.
UNIT 24	例文 093	The CDs, which used to be available only in the U.S., can now be found all over the world.
	例文 094	Tokyo, which is the capital of Japan, attracts tourists from all over the world.
	例文 095	My final term is just over, which gives me enough time to travel around the world.
UNIT 25	例文 096	I also like the subject in which you are interested.
	例文 097	I met a lot of college students at the conference, many of whom could speak English.

彼が遅刻したのは、夕立につかまったからだ。

シャワーを浴びたらすぐ、家を出て会議に向かいます。

私は彼が試合に勝つかどうかわからない。

君が何時に着くのか教えてくれる？

サムは何時に着くと思う？

この本をいつ読み始めたらいいのか教えてください。

こちらはビルです。私の友人です。

今日は授業が2つあります。1つは言語学で、もう1つはアメリカ文学です。

私は話を3つの部分に分けました。1つは導入、もう1つは主文、そして最後が結論。

僕のクラスには外国の学生が10人います。1人はオーストラリア人、もう1人はフランス人、その他は全員中国人です。

山からの水の一部は海に注ぎ込みます。

昨日私が買った本はとても役に立つ。

これが私と友人が普段待ち合わせる駅です。

その駅は50年前に建てられたのですが、このたび改装されます。

そのCDはかつてはアメリカでしか手に入らなかったのに、今では世界中で見つかる。

東京は日本の首都ということもあって、世界中からの観光客を魅了している。

僕の最後の学期も終わったから、世界旅行をする十分な時間があるんだ。

私もあなたの興味のある教科が好きです。

私は会議で多くの大学生に会ったが、彼らの多くは英語を話すことができた。

	例文 098	This is the system under which we operate our daily routine.
	例文 099	You may feel tired of memorizing words, in which case you should turn to some other activities like listening to music.
	例文 100	Give out the prize to whoever comes first.
UNIT 26	例文 101	The professor advised me to apply for admission to graduate school.
	例文 102	I was asked to come to work this coming Sunday, although I'd told my supervisor that I couldn't work on Sunday.
	例文 103	At the study group session, Katie suggested that we change the topic of our presentation. "Why did the Neanderthals die out?" was too complicated.
	例文 104	George often goes to the professor's office to see if he can get any ideas on his thesis.
UNIT 27	例文 105	What time is it in London if it is 6:00 p.m. in Tokyo?
	例文 106	What will you do if it rains tomorrow?
	例文 107	Can you really tell if it will rain tomorrow?
	例文 108	He knew when his boss would be back in the office.
UNIT 28	例文 109	If I were you, I wouldn't hesitate to study abroad.
	例文 110	If the sun should rise in the west I would not leave this country.
	例文 111	If I had practiced more, I could have won the contest last month.
	例文 112	I wouldn't have applied for this job in the first place if I had known that I was supposed to take so much responsibility.
UNIT 29	例文 113	If I were rich, I could have bought the car then and there in cash.
	例文 114	If I had had breakfast this morning, I wouldn't be hungry now.

これが私たちが日常の業務を遂行しているシステムです。

単語の暗記には飽きるかもしれないが、そのときは音楽を聴くなど別のことをするとよい。

最初に来た人に賞品をあげてください。

教授は私に大学院の入学を申請してはどうかと言ってくれた。

上司には日曜日には働けませんと言っておいたのに、今度の日曜日に仕事に来てほしいと言われた。

勉強会のときに、ケイティはプレゼンのトピックを変えようと言った。「なぜネアンデルタール人は絶滅したか」は複雑すぎたからだ。

ジョージは、論文について何かアイデアがないかなと思って、教授の部屋によく行っている。

東京が午後6時だったら、ロンドンは何時ですか？

明日雨が降ったら、あなたは何をしますか。

明日雨が降るかどうか本当にわかるの？

彼はボスがいつオフィスに戻ってくるか知っていた。

私だったら、進んで留学します。

たとえ太陽が西から昇っても、私はこの国を出て行かない。

もしもっと練習しておいたら、先月のコンテストに勝てたのに。

大変な責任を負うことになるってわかっていたら、そもそもこの仕事に応募しなかっただろう。

もし私がお金持ちなら、その車をその場で即金で買えたのだが。

今朝、朝ご飯を食べていたら、今ごろお腹がすいていないのに。

	例文 115	Had I practiced more, I could have won the contest.
	例文 116	With a little more practice, you could have won the contest.
UNIT 30	例文 117	Staying in Japan longer, you will be able to speak Japanese better.
UNIT 31	例文 118	Seen from a distance, that airplane looks like a pencil.
	例文 119	When a child, I read a lot.
	例文 120	A talented mechanic and inventor, the man became successful in his career.
	例文 121	Other things being equal, I prefer to take a train. I don't have to drive.
UNIT 32	例文 122	When young, I used to play football with my friends.
	例文 123	When in Rome, do as the Romans do.
	例文 124	If you are under twenty, you can drink beer here.
	例文 125	It was raining; however we kept practicing outside.
UNIT 33	例文 126	Jack was running toward me with his eyes filled with tears.
	例文 127	With a clear professional goal in mind, he decided to get a job with a financial institution.
	例文 128	This Friday was one of the busiest travel days of the year, with millions of Americans driving across the nation to get back to their hometowns.
UNIT 34	例文 129	"The project will be delayed because the manager is absent from work." "Will it really? Because of his absence from work? Give me a break!"
	例文 130	"Although I can benefit from reading, I would rather see a movie." "I don't understand why you prefer a movie despite all the benefits of a book."
	例文 131	"While attending the ceremony, everyone kept quiet." "Of course! No one speaks during such an important ceremony."

もしもっと練習しておいたら、コンテストに勝てたのに。

もう少し練習しておけば、君もコンテストに勝てたのに。

日本にもっと滞在すれば、あなたも日本語がもっと上手になりますよ。

遠くから見ると、あの飛行機は鉛筆のように見える。

子どものころ、よく読書した。

才能ある機械工かつ発明家だったので、その男は自分の専門分野で成功を収めた。

他の条件が同じなら、電車がいいです。運転しなくていいので。

子どものころ、私は友だちとサッカーをしたものだ。

郷に入っては郷に従え。

たとえあなたが20歳未満でも、ここではビールが飲めます。

雨が降っていた。しかし、私たちは外で練習し続けた。

ジャックは目に涙を浮かべて私のほうに走ってきた。

彼は、明確なキャリアプランを持って、金融機関に就職することにした。

今週の金曜日は、何百万人ものアメリカ人が、帰省のために国中を車で移動したこともあって、今年最も混雑した。

「プロジェクトは、マネージャーが仕事を休んでいるので、遅れるようだよ」「ほんとに？ 彼の不在で？ 勘弁してほしいな」

「読書から利益は得られるのですが、私は映画のほうが好きです」「どうして読書がそれほど有益なのに、君は映画が好きなのかわからないなあ」

「式典に参加している間、みんな静かにしていました」「当然です。そんな大切な式典で、私語をする人はいませんから」

	例文 132	Is it correct to say, "Like I said, all mammals are warm-blooded"?
UNIT 35	例文 133	I am not sure if we can win the game without our coach being there.
	例文 134	The construction of the new parking area will start in a few weeks.
	例文 135	"I am still angry about the decision!" "I understand your anger."
	例文 136	"Why don't you talk to your professor?" "I appreciate your suggestion, but ..."
	例文 137	"... but I don't think it will work ..." "Oh, come on! You should change your negative attitude first."
UNIT 36	例文 138	I wish I had a dog. No pets are allowed in this apartment building.
	例文 139	No country attracted so many tourists as France in 2001.
	例文 140	No one around me speaks French as fluently as Nick.
	例文 141	I made a proposal to those present at the meeting, but none of them agreed, leading to a stalemate in our discussion.
	例文 142	I made a proposal to those present at the meeting, none of whom agreed, leading to a stalemate in our discussion.
UNIT 37	例文 143	Not everyone agrees with this culture of spending.
	例文 144	I bought three books last week, but I haven't read all of them yet.
	例文 145	I want to take three courses this semester, but I haven't registered for any of them yet.
	例文 146	"You cannot cheer for both teams. Which team are you rooting for?" "Well, I am not rooting for either of them, though."

「like I said, 哺乳類というのは温血動物です」というのは正しいですか？

監督がそこにいなくて試合に勝てるか自信がない。

新しい駐車場の建設が 2 週間後に始まります。

「まだあの決定には怒っているんだ」「君が怒るのはわかるよ」

「先生に話してみたらどうかな？」「そうやって提案してくれて感謝するよ。ただ…」

「…でもうまくいかないと思うんだ…」「あのさあ、その消極的な姿勢は変えたほうがいいよ」

犬がいたらなあ。このマンションではペットが認められていないんだ。

2001 年に、フランスほど多くの観光客を呼び寄せた国はない。

ニックほどフランス語を流暢に話す人は私の周りにはいません。

会議の出席者に私はある提案をしたのだが、誰も賛成しなかったため、議論はこう着状態に陥った。

会議の出席者に私はある提案をしたのだが、誰も賛成しなかったため、議論はこう着状態に陥った。

すべての人がこの消費文化に賛成しているわけではありません。

先週は本を 3 冊買ったのだが、まだすべてを読んだわけではない。

今学期は 3 つのコースを取りたいのだが、まだどのコースも登録していない。

「どっちも応援するってできないよ。どっちのチームを応援してるの？」「あ、どっちも応援してないけど」

	例文 147	I could hardly understand the lecture. It was given in French!
	例文 148	In the dry season, it rarely rains in this region of the Northern Territory.
UNIT 38	例文 149	It was not until the 1960's that the debate was settled.
	例文 150	Not until I started to live in New York did I realize the importance of English.
	例文 151	Not only does the school cafeteria offer a variety of international foods, but it also provides a good opportunity to exchange information among students.
	例文 152	No sooner had I left home than it started to rain.
UNIT 39	例文 153	Oh, Professor White? His statistics course is difficult, isn't it?
	例文 154	I'm thinking about getting a driver's license in America. It's not as expensive as in Japan, is it?
	例文 155	So you are from India? I can tell by the way you emphasize the importance of math and yoga.
	例文 156	This is what you were talking about!
UNIT 40	例文 157	Don't you have to take that course this semester?
	例文 158	"Don't you like Japanese food?" "Yes, I do!"
	例文 159	"Didn't you learn basic Spanish grammar last semester?" "It doesn't have to do with this!"
	例文 160	"Why didn't you call the police?" "Did I have to? Nobody was injured!"
UNIT 41	例文 161	"My professor advised me to read *The old man and the sea*." "Which is actually required reading for all the literature majors."
	例文 162	"The library is being renovated." "That's why this coffee shop is crowded with students!"

講義はほとんどわからなかったよ。フランス語だったんだ。

乾季には、ノーザンテリトリーのこの地域では、めったに雨が降りません。

1960年代になって初めて、その問題は解決した。

ニューヨークに住み始めるまでは、英語の重要性をわかっていなかった。

カフェテリアはさまざまな国際的な食事を提供するだけではなく、学生たちの間での情報交換の機会も提供している。

私が家を出るとすぐに、雨が降り出した。

ああ、ホワイト先生ね。先生の統計学のコースは大変ですよね。

免許証をアメリカで取ろうと思っているんですが、日本ほど高くないですか？

ってことはインド出身なのですか？ いや、数学とかヨガが大切と強調されるからわかるんです。

これが君が言ってたことか！

今学期にそのコースは取らないといけないわけでしょ？

「和食が好きじゃないんですか？」「好きですよ！」

「前学期に基礎スペイン語文法を学ばなかったの？」「それとこれとは無関係だよ」

「どうして警察を呼ばなかったの？」「そうなの？ けが人はいなかったよ」

「先生が『老人と海』を読んだ方がいいとおっしゃってね」「それって、文学部の必須図書だよ」

「図書館が改修中なんだ」「だからこのコーヒーショップは学生で混雑しているわけか」

	例文 163	"I watched the same drama over and over again." "Is that how you have learned English?"
	例文 164	"I came to Oregon last year, but still I often find it hard to adapt to the new culture." "That's when you are acquiring the local language best, I've heard."
UNIT 42	例文 165	This movie is worth seeing, don't you think?
	例文 166	You should first read the book yourself, and then ask the professor for help, don't you think?
	例文 167	The smartphone, it seems to me, is the best invention in human history.
	例文 168	The CEO, while talking on the phone, asked the secretary to get him a cup of coffee.
	例文 169	The chairperson rarely, if ever, appears in public.
UNIT 43	例文 170	With its population estimated at 130,000,000, Japan is ranked 11th on a list of world population.
	例文 171	One of the highest-ranked public US universities estimates its annual fees at about $40,000, in addition to $10,000 for room and board.
	例文 172	It is widely accepted that pure water freezes at zero degrees Celsius and boils at one hundred degrees Celsius.
	例文 173	The coffee beans sold at this shop are more expensive by three dollars.
UNIT 44	例文 174	The field is $100m^2$ in area, so one side is $\sqrt{100}$, or 10m.
	例文 175	One of the biggest campuses in the nation, this 5,200-acre campus has 545 buildings on it.
	例文 176	The distance between the earth and the sun is approximately 1.5×10^{11}m.
	例文 177	The volume of a sphere is $\frac{4}{3}\pi r^3$ but how do I calculate the volume of a donut?

「自分は同じドラマを何度も何度も見たよ」「そうやって英語を学んだの？」

「オレゴンには去年来たんだけど、今でもよく新しい文化に適応するのが難しいと感じます」「そのときこそ、現地の言語を最もよく習得しているんだと聞いたことがあります」

この映画は見る価値がある…と思いません？

まずは自分で本を読んで、それから先生に助けてもらうべき…と思いません？

スマホは、人類史上最高の発明品であるように、私には思えます。

その CEO（最高経営責任者）は、電話で話しながら、秘書にコーヒーを持ってきてと頼んだ。

その会長は、あるにしても、めったに公の場に姿を現さない。

人口が推定 1 億 3 千万人ということで、日本は世界の人口で 11 位にランキングされている。

アメリカのあるトップ公立大学では年間の授業料を 4 万ドル、寮費と食費を 1 万ドルと見積もっている。

純水は、0℃で凍り、100℃で沸騰するというのが通説だ。

この店で売られているコーヒー豆は 3 ドル高い。

このフィールドは面積が 100 平米だから、一辺はルート 100、つまり 10 メートルだ。

国内最大級のキャンパスだけあって、この 5,200 エーカーのキャンパスには、545 の建物が入っている。

地球と太陽の距離はおよそ 1.5 かける 10 の 11 乗メートル。

球の体積は four over three pi r cubed だけど、ドーナツの体積はどうやって計算するのですか？

UNIT 45	例文 178	According to the World Health Organization, as of 2000, the number of obese adults has increased to over 300 million.
	例文 179	New research shows that as many as five million people have left California over the last decade.
	例文 180	The number of Japanese people who studied abroad peaked in 2004, and since then, the number has been on the decline.
	例文 181	The average score of the Korean TOEFL test takers showed a general upward trend from 2006 to 2013.

世界保健機関によると、2000 年現在、肥満の成人の数が 3 億人に増加している。

新しい調査によれば、ここ 10 年で、500 万人もの人がカリフォルニアから出て行った。

留学する日本人の数は、2004 年にピークに達し、それ以来は減少している。

韓国の TOEFL 受験生の平均スコアは 2006 年から 2013 年の間、一般的に上昇傾向があった。

EPILOGUE
おわりに

　読み・書き・聞き・話すための基礎となる英文法の使いこなしを練習していただきました。最後まで読み通していただいて、ありがとうございました。

　はじめに書いたように、本書は「2回目に読む文法書」ではありますが、「3回目以降に繰り返す文法書」でもあります。一度目を通しただけではなかなか肉体化されませんし、自動化もされません。考えるより前に口から出てきたり、キーボードを打てたりするようになるまで、繰り返していただければと思います。

「文法なんて考えながら書いたり話したりできません！」というのは、実は半分正解で、半分ウソです。半分正解なのは、たとえば本書を繰り返して、文法のルールを自動化できたとしましょう。そうすれば、もはや、実際のコミュニケーションの場面で、「これは、RULE 057によって…」などと考える必要がなくなるからです。その文法自体を考えるプロセスが省略できるわけです。この1文を作る労力が不要になると、それはそれは大きなプラスになります。たとえば書くときには、全体の構成や効果的な表現方法に注力できるからです。と同時に、半分はウソです。1文を作るとき、またはある1文の次につながる1文を作るとき、「おや？」と感じたら、そこはしかるべき文法のルールを思い出すべきだからです。「80% of the surfaceで、surfaceが単数形だから、動詞はisでいいんだよ！ まちがいない！（RULE 049）」と自信をもって表現できるわけです。文法のルールというのは、もはや「勘」に頼れなくなったときに、戻ってくるべき基本でもあるわけです。

　最後に「3回目以降に繰り返す文法書」の意義を説明しましょう。私は読者のみなさんに、3回目以降に繰り返すことで、先ほどの「勘」も同時に養っていただければと思っています。文法書にはあるまじきアドバイスですが、究極は「勘」なんです。そして「勘」とは、今までに英文にどれだけ意識的に触れたか、で精度が増していくものなのです。その「英文」は、必ずしも本書にたくさん掲載している英文である必要はありません。好きなミュージシャンの楽曲の歌詞も、立派な「英文」です（たとえ非標準的な英語であろうとも！）。そういった「英文」に触れて、本書のルールと照らし合わせていくのも楽しい作業だと思います。そして、本書の説明が、「英文」と矛盾している場合も多くあると思いますが、その場合は、私なら、両方意識的に吸収すると思います。そしてその「英文」がどんな状況で使われていたかを覚えておいて、そのような状況で英語を使う場合には、あえて本書のルールを無視した英語を使うことも「正しい」と思います。英語のルール（型）を知らないでルールを無視した英文を作っても、そのエラーを指摘されるだけでしょう（形無し）。でも、ルールを知っているけれど、あえてルールを外してみると（型破り）それは長所ともなりえます。それが無意識でできたら、それは英語が上達する過程で、上達した人だけが出会うビックウェーブの到来（ブレークスルー）と言えるでしょう。

3回目ではビックウェーブが来なかった人は、4回目、5回目の読破に挑戦してください。本書はその繰り返しに耐えうるはずです。今後のみなさんの当面の英語学習の目標が達成できますよう、お祈りしております。

[執筆者紹介]
四軒家忍（しけんや しのぶ）
留学のための「しけんや英語塾」主宰。All About「TOEFL」ガイド。トフルゼミナール留学センター講師。大学卒業後、ゼネコン、英会話学校などを経て、2002年からTOEFLを教える。講師として教壇に立つ予備校「トフルゼミナール留学センター」では、主に国際教養系大学に進学する高校生を、主宰する英語塾のセミナー・講座では、主にMBAを目指すビジネスピープルや交換留学を希望する大学生を指導している。著書に『TOEFL TEST対策iBTライティング［新版］』（テイエス企画）など、共著に『頻出テーマではじめてのTOEFLテスト完全攻略』（高橋書店）、『TOEFL iBTテスト　完全教本』（研究社）、『TOEFLテスト　ここで差がつく頻出英単語まるわかり』（中経出版）がある。
しけんや英語塾公式ブログ http://ameblo.jp/toefl-shinobee
しけんや英語塾Facebookページ
https://www.facebook.com/ShikenyaEnglish

編集：柳澤由佳
装丁・本文デザイン：高橋明香（おかっぱ製作所）
DTP：株式会社鷗来堂
イラスト：どいせな
録音・編集：株式会社ルーキー
ナレーション：Jack Merluzzi、Rumiko Varnes、Julia Yermakov

基本から実践まで
英文法使いこなしルールブック

発行日：2016年11月20日　第1版第1刷

著　者　：四軒家忍
発行者　：山内哲夫
企画・編集　：トフルゼミナール英語教育研究所
発行所　：テイエス企画株式会社
〒169-0075
東京都新宿区高田馬場 1-30-5 千寿ビル 6F
TEL (03) 3207-7590
E-mail　books@tsnet.co.jp
URL　http://www.tofl.jp/books
印刷・製本　：図書印刷株式会社

ISBN978-4-88784-183-3